人材マテリアリティ

選択と集中による人的資本経営

アビームコンサルティング
久保田勇輝

HUMAN
CAPITAL IMPACT

日経BP

はじめに

日本人の労働生産性を世界水準にする

久保田勇輝

このままだと日本はどうなるのか？

40代になり、「自分がどうしたら成長できるか」「自社や自部門をいかに拡大するか」から、「自分はこれから何を残せるか」に視点が向き始めた時に思ったことだ。

そんな中、目にしたのが労働生産性のランキングだ。シンクタンクの日本生産性本部が２０２２年12月に公表した「労働生産性の国際比較２０２２」によれば、日本の時間当たり労働生産性は、ＯＥＣＤ加盟38カ国中27位で、１９７０年以降で最も低い順位だという。日本のＧＤＰ（国内総生産）は2位中国から大きく引き離されているとはいえ、いまだ世界3位を維持しており、「優等生」といっていい。その「優等生」たる日本の労働生産性が、下から数えた方が早いのだ。不安に思うのと同時に、世の中に何か残せるものをつくるという意味で非常に重要な課題に思えた。

日本人の労働生産性は今後、優等生レベルまで回復していくのか。

現在、日本では働き方改革が進み、月間総実労働時間は減少傾向にある。２０１２年の１４７時間から20年の１３５・2時間（厚生労働省「毎月勤労統計調査」）まで減り、徐々に〝ブラック日本〟から脱却している。

一方、労働力人口は19年から横ばいで、22年は前年に比べ5万人減少した（総務省統計局「労働力調査」２０２２）。

労働生産性は、ＧＤＰを労働力で割った数だ。考え方を変えれば、分母の労働力が減少してＧＤＰが一定であれば、日本の労働生産性はおのずと上昇し、再び世界水準へ近づくことも考えられる。

私が思うに、残念ながらそのような楽観的シナリオは描かれず、このままでは労働生産性の順位はさらに下がってしまうだろう。

世界規模で見れば、ＡＩ（人工知能）やＩｏＴ（モノのインターネット）などを用いた技術革新で、生産性は飛躍的に向上した。それによって生まれた新たなビジネスが展開されることで、労働力がさらに必要になり、労働生産性全体が上がっている。他方、日本はどうだろう。労働時間と労働人口の減少に対して、純粋に労働力の確保を中心に取り組んでいては焼け石に水になってしまう。

他国の労働生産性が上がっていく中、日本の労働生産性は横ばい、もしくは微増では上位との差は一向に縮まらないのだ。

それは、失われた30年であるバブル崩壊以降のアプローチと似ている。日本企業は売り上げではなく利益に着目し、コストを削減する傾向にあり、投資は海外中心となっていた。そうしたマイナス抑止の考え方では、気づかないうちに衰退していく。

その反省を生かすべく打ち出されたのが、岸田内閣の「経済財政運営と改革の基本方針２０２３」、いわゆる「骨太の方針」だ。人的投資については「リ・スキリング（学び直し）による能力向上支援」「個々の企業の実態に応じた職務給の導入（ジョブ型）」「成長分野への労働移動の円滑化（リソースシフト）」の三位一体の労働市場改革を進める、としている。

しかし、それを時代の変化にスキルが追いつかなかった人の有効活用、ダブついた人材の見える化による最適化、人手不足に対する人余りといったマイナスの抑止だけをすればよいと、企業が捉えてしまう可能性もある。

失われた30年を取り戻すために必要なのは、コストカット、ダブつき防止といったマイナスの抑止の考え方ではなく、成長への投資だ。

そのためには成長する領域を見定め、投資対象を決める必要がある。昨今、ＰＢＲ（株価純資産倍率）が注目されており、東京証券取引所でも「ＰＢＲ1倍割れ」の企業に対して改善策の開示を強く求めている。

ＰＢＲとは、株価を1株あたりの純資産（株主資本）で割ったもののこと。一時的な営業利益率を担保するためのコストカットではなく、投資された株主資本に対してどれだけ有効な投資をしているかを表している。日本企業は今起きているこの流れを成長に投資するチャンスと捉え、背水の陣で臨む必要がある。

労働生産性を世界水準まで引き上げるために、日本企業は成長領域を特定し、それを牽引できる人材に長期的かつ抜本的に投資することでプラスに転じるアクションを取っていくべきだ。

人的資本経営に取り組む意義

ここまで述べてきた課題を解決するため、アビームコンサルティングでは22年10月、新たに人的資本経営コンサルティングチームを立ち上げた。本チームでは、企業が成長領域を特定し、人材投資領域を決め、その投資に対して最大限に効果を発揮するよう、全力で支援する。

そのため、人材や人事、DX（デジタルトランスフォーメーション）関連のみならず、企業や事業に対する理解、事業戦略を成立させるために必要な人材の獲得、調達戦略に関する知見、他社との共創を含むより効果的な施策設計と、それを従業員や社外の労働市場、投資家などのステークホルダーへと伝えていくブランディングといった多彩なケイパビリティを持つチームとなっている。

近年、多くの日本企業で、従来の「人事コンサルティング対人事部」の構図では解決できない課題に直面している。これをクリアするためには経営、事業、人事、DXといった複合的な体制を巻き込むほかない。その使命感から、通常ややもすると「儲からない」とされる領域にアビームコンサルティングは投資した。日本の課題を本気で解決するためだ。

本書では「いかに成長領域を特定し、人材投資をしていくのか」を、フレームワークや事例を用いて解説する。

第1章は人的資本経営の必要性や定義について深掘りし、それを推進する上での考え方や、今必要とされているCHRO（最高人事責任者）の役割、必要な推進体制、役割について説明する。

第2章では企業の成長領域を特定し、企業の長期的サステナビリティの観点および短・中期的観点である事業戦略の成立に必要な解決すべき人的課題の特定、合意、解像度を上げるためのフレームワークや事例を紹介する。

第3章では人的課題を特定後、日本企業が苦手にしてきた定量管理のための目標設定方法やその例、目標設定後の施策整理や施策を継続的に見直し、目標値を達成するためのPDCAを回すための手法、効率的に推進するためのDXの活用について説明する。

第4章では、目標値を達成するために必要な人事施策の事例を紹介する。また、それを効果的に従業員や労働市場に伝達し、自社らしさや魅力を伝え、施策を推進する効果を最大化する方法や、より伝わるメッセージ作成のためのフレームワークにも触れる。

第5章では昨今、義務化された人的資本情報開示を取り上げる。義務化により、人的資本経営よりも開示先行型でいかに今の状態をうまく開示するか、法的義務をどう効率的に乗り切るかといった論点になりがちだ。第4章までに表してきた、人的資本経営をうまく推進していることをステークホルダーに理解してもらう方法と、自社が進めていることだけでなく、ステークホルダーの期待値をどのように理解して発信するかについてお伝えする。

第6章では、人的資本経営を一過性のブームにせず、日本企業の価値向上に資する永続的なプロセスとするために必要な乗り越えるべき課題について述べる。

日本企業が失われた30年を、失われた40年、50年にしないために、本書が日本で働く読者のやる気と生産性を上げる一助となれば幸いである。

人材マテリアリティ　選択と集中による人的資本経営　目次

はじめに　日本人の労働生産性を世界水準にする……2
人的資本経営に取り組む意義……6

第1章　人的資本経営はできたらやろうでは、10年後に未来はない……17
人事担当者の頭を悩ませるバズワード「人的資本経営」……18
〝不平等〟こそが人的資本経営……25
人的資本経営はそもそも人事部だけでやるものではない……31

第2章 納得できる重要課題をつくり上げる……43
フレームワークを活用　部門を超えて語り合える場をつくる……44
パーパス、バリューは誰のもの?　違う言葉で語っていませんか?……54
サステナ目標こそ会社の「らしさ」を。
事業継続を支える根幹を突き止める……57
事業戦略を本気で議論
人材の解像度を上げ、未来の人材ポートフォリオを決定する……63
変わらない競争力の源泉、事業、人材像
切り口を研ぎ澄まして課題をそぎ落とす……71
対談 レゾナック・ホールディングス……76
常務執行役員 最高人事責任者(CHRO) 今井のり氏、
組織・人材開発部 部長 萩森耕平氏

第3章 努力目標で終わらせない経営のコミットメント …… 89
数値目標の魔法　成功達成に必要な要素 …… 90
人材マテリアリティから設定する数値目標 …… 95
人材充足に必要な動的人材ポートフォリオの作成方法 …… 103
人材マテリアリティ達成のための人材戦略・人事施策 …… 117
「できたらよい」から「せねばならぬ」へ向かうPDCA …… 121
KGI・KPI管理の重要性 …… 131
対談 オリンパス …… 143
日本地域人事総務 バイスプレジデント 山崎徹氏、
R&D組織健康統括 ディレクター 田島信芳氏、
人事 組織人材開発 ディレクター 玉澤康至氏

第4章 「仕組み」と「気持ち」を変える施策……155
画一化された人的施策の終焉……156
「他社もやっている」施策が生み出す悲劇からの脱却……161
社員の「気持ち」を動かす一貫したメッセージ……165
会社の「仕組み」と社員の「気持ち」を変える策……179
「働く場」としての差別化された魅力の訴求――エンプロイヤーブランディング……201
対談 愛三工業……211
取締役執行役員 加藤茂和氏

第5章　最高の対話のために開示する……223
やらされ開示はもうやるな……224
何を訴えかけたいかとステークホルダーが知りたいことを足し算……234
開示と対話を通じて次の課題が見えてくる……254
事例　本田技研工業　人的資本経営への取り組み……258
ガラパゴス→会社全体の取り組みとしてのストーリー開示元年……258
経営管理指標としてのＫＧＩ、ＫＰＩ設定と目標値設定……266
グローバルガバナンスを視野に入れた人材マネジメントを目指して……267

第6章

本質的人的資本経営の推進のために乗り越えるべき壁

第6章 本質的人的資本経営の推進のために乗り越えるべき壁 …… 269
右へ倣えの投資ではもう越えられない壁 …… 270
人的資本経営におけるROIとは …… 274

あとがき 失われた30年を取り戻し、幸せになるために今をつくる …… 282

第1章

人的資本経営はできたらやろうでは、10年後に未来はない

HUMAN
CAPITAL IMPACT

人事担当者の頭を悩ませるバズワード「人的資本経営」

「役員が成果主義、ジョブ型をやれと言ってきて…。理解しないで無茶ぶりするのはやめてほしい」

「人が足りない、人をつけてくれと言っても増員してもらえないのに、ほかの企業がやっているからというだけでやることだけが増えていく」

――こんな話をよく耳にする。

「人事トレンドワードランキング」に出てくるようなジョブ型、戦略人事、ウェルビーイング、リスキリング、キャリア自律、タレントマネジメント、DX人材――。これらはどういう意味か? というクイズを経営層に出題したら、全員が異なる回答をする可能性すらある。それくらい〝人事界隈〟はワード先行で、各社の人事担当者はそのキャッチアップだけでなく、ワードに踊らされた無理解、無支援な役員から身を守ることに頭を悩ませ、疲弊している。

それゆえバズワードの本質を見誤り、自社にとって何が適切かを見定めないまま海外企業の物まねをして失敗、もしくは結局リソースが不足して途中で頓挫といったことになっていないだろうか。

その企業が抱える課題や、その制度や仕組みがどのようなものでどんな意義を持つか、それによって得られる効果や成果を多面的に考えることなく導入している企業も見受けられ、もはや課題解決ではなく、やることに意義があるといった状態のところさえある。

そんな中、登場したのが「人的資本経営」である。人的資本経営とはその名の通り、人材を資本として捉え、価値を最大まで引き出すことで企業価値の向上につなげる、経営の方法論だ。そのためには経営戦略と人事戦略を合致させることが必須となる。

人的資本経営は有価証券報告書における人的情報の開示など、あくまで法律準拠の義務で対応するものと捉えられがちだ。また、ESG経営の一部として語られることも多い。現在のビジネスの拡大、展開といった経済的価値よりも、社会的価値や環境に関する価値に寄与するものとして捉えられ、「余力があれば取り組もう」「まず足元の事業をどうにかしてから」と後回しにされている感もある。

では、現時点でどのくらいの企業が人的資本経営に取り組んでいるのか。当社は2022

日本企業の人的資本経営取り組み実態調査

人的資本経営に関する取り組みについて、開示および実践ともに約半数以上が「未検討」または「情報収集・推進検討中」であり、多くがスタートラインにも立てていない。

人的資本経営に関する取り組み状況について

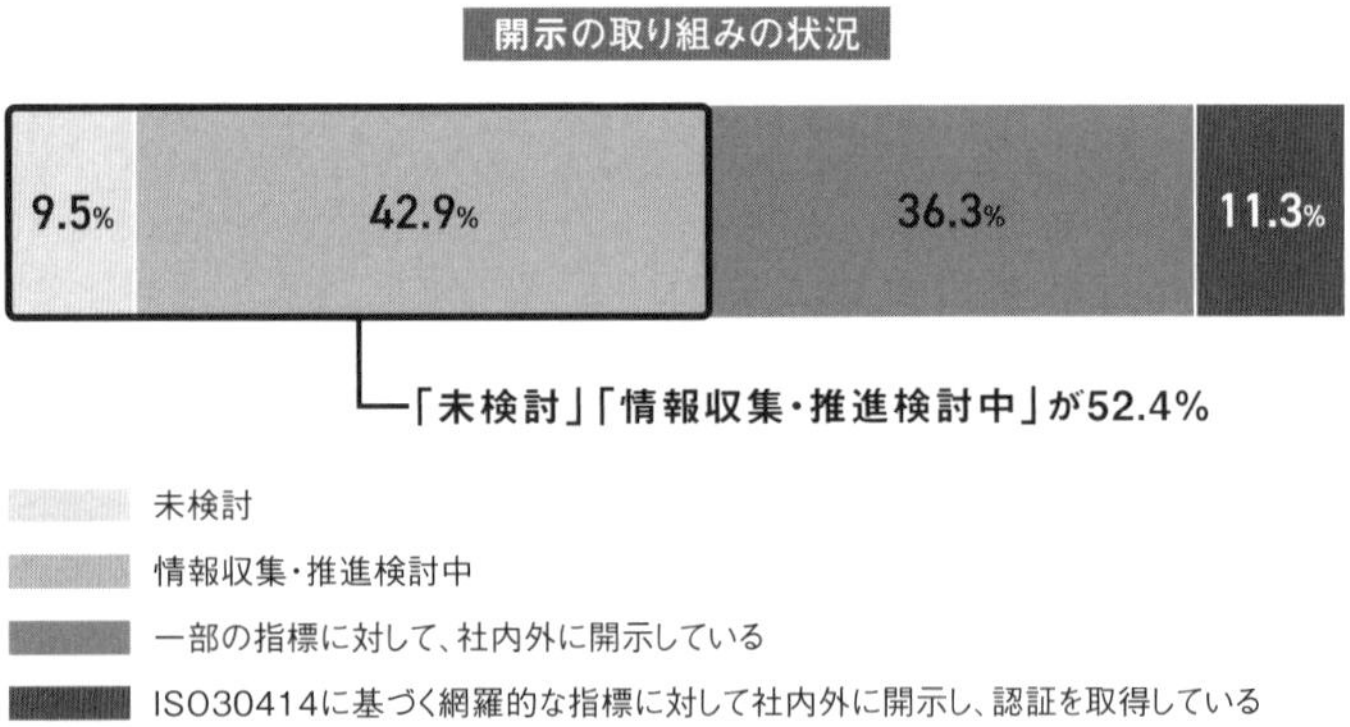

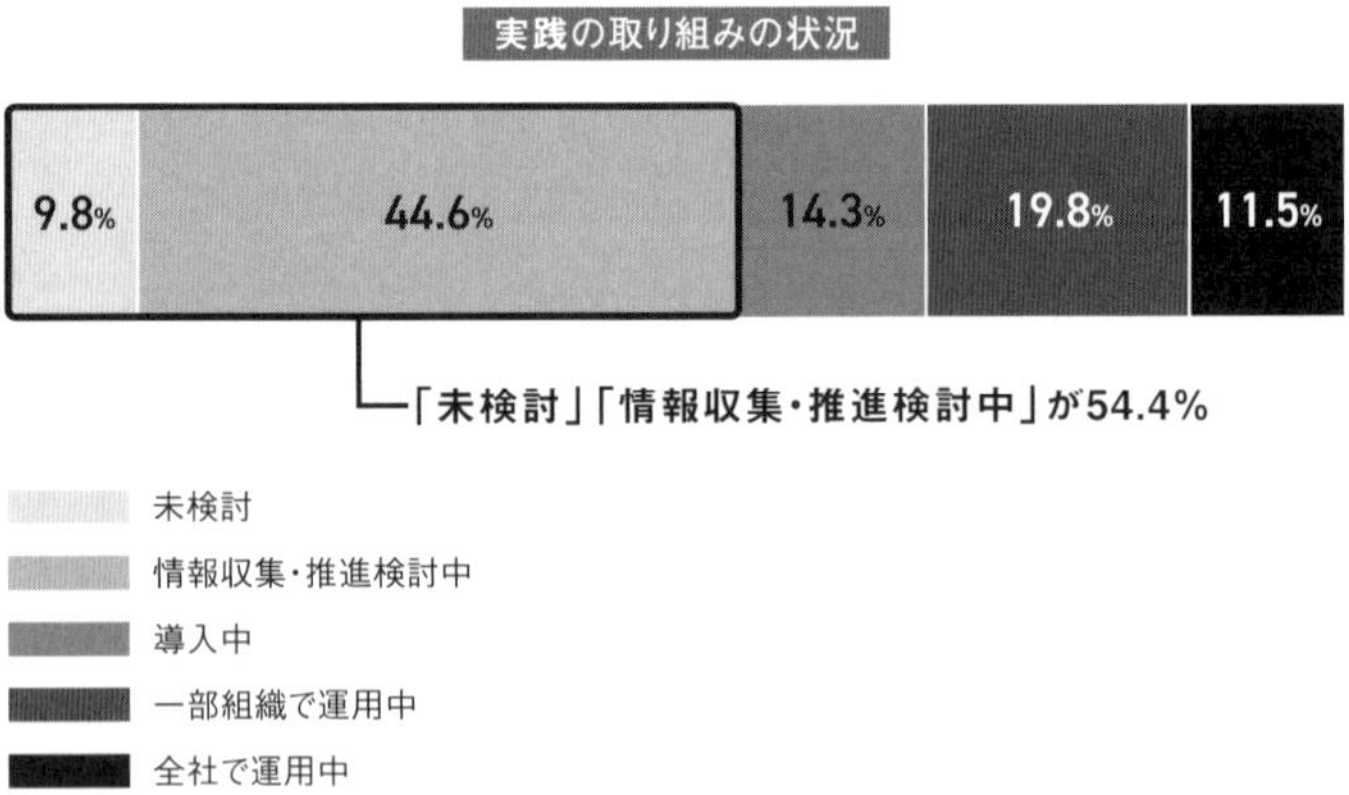

年9月、「日本企業の人的資本経営取り組み実態調査」を実施した。年間売上高1000億円以上の日本企業の役員や管理職399人が対象だ。これによれば、単に投資家への説明責任やESG／サステナビリティ関連の格付けの向上、企業ブランドの向上を目的とした情報開示を行うことよりも、実際の企業価値を高める中身の部分について取り組むべきだとしている一方、人的資本経営における実践について、半数以上の企業が「未検討」や「情報収集・推進を検討中」であり、多くの企業がスタートラインにも立てていないという状況だ。この調査結果からも分かるように、「重要そうだ、やらないといけない」と思っていながらも、その必要性が「Must（せねばならぬ）」となっておらず、「Want（できたらよい）」にしかなっていないのである。

しかしながら、AIやIoTといったモノづくりからコトづくりへと移り変わる第4次産業を中心とした世界では、優秀な人材を集めることがビジネスの成否を決定することとなり、Wantでどうにかなる問題ではないことは容易に想像できる。それに対して「今はまだ、どうにかなっているからいいのではないか？」と思う人もいるかもしれない。だが世界のCEOたちは、そうではないことに気づいている。

ITアドバイザリ企業である米ガートナーの調査によれば、世界のCEOが考える最優

CEOの優先課題

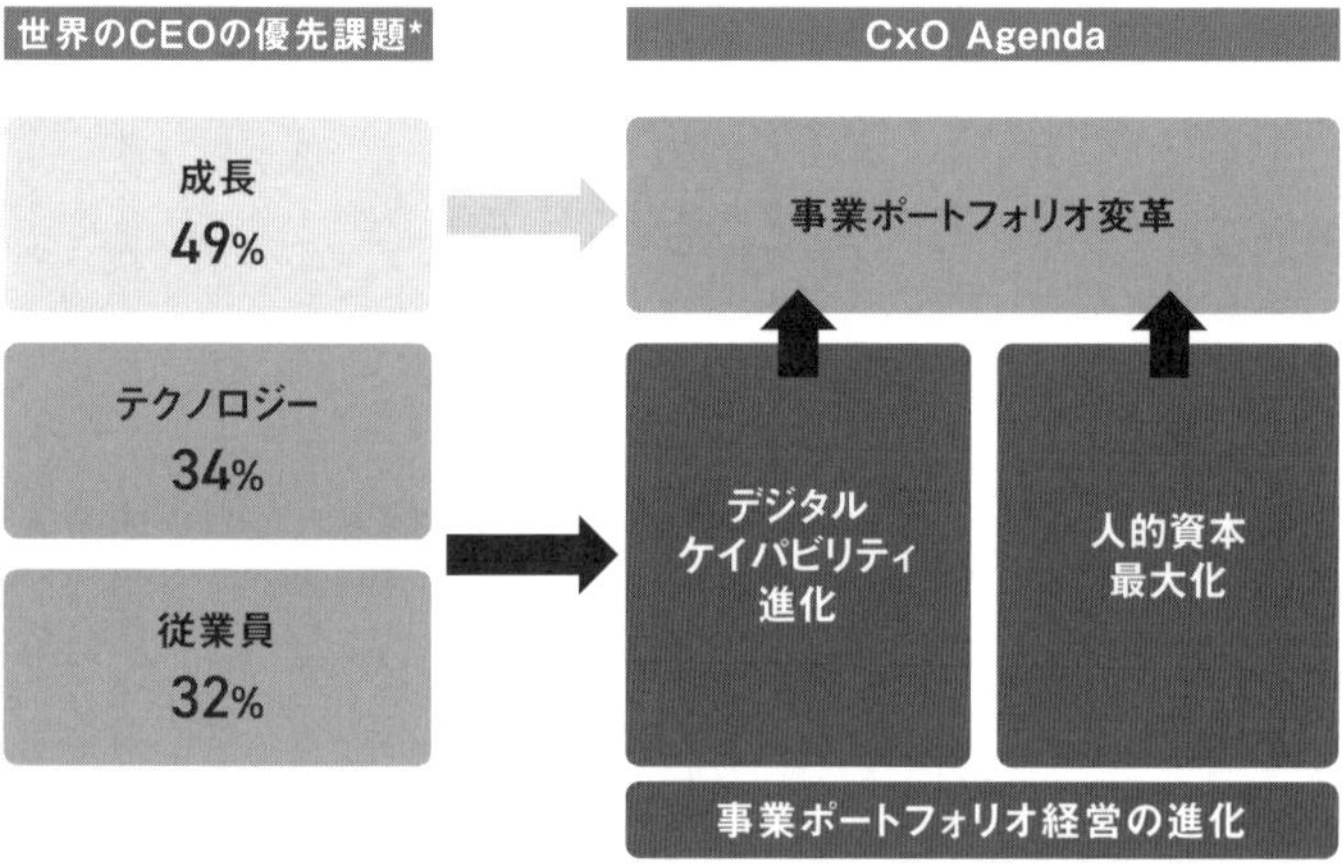

先課題は「成長」だ。そして現在、成長を実現する上で一番重要なのが事業ポートフォリオの変革なのである。事業ポートフォリオの変革には、単純な改善ではなく、ビジネスモデルの転換や新規事業開発、利益構造の抜本的改善、経営管理の進化といった抜本的な変革が必要だ。

それを実現するための2番目、3番目の課題として、世界のCEOは「テクノロジー」と「従業員」を挙げている。これは、デジタルテクノロジーを活用すること、その組織的能力を自社で保有すること、および自社の保有する人的資本を最大化することがＷａｎｔではなく、成長に向けてＭｕｓｔなものであると認識していることの証明だろう。

では人的資本経営では、どのようなことをしなければならないのか？　よく「事業連動」「事業連動」といわれるが、考えなければならない解決課題は大きく2つある。

1つ目は、短・中期の視点として事業戦略を実現する、もしくは事業ポートフォリオの再構築を実現するために必要な人的課題の解決である。

そして2つ目が長期的な観点として、企業がその事業を持続的に継続するために考えなければならない人的課題の解決だ。

この2つの観点で物事を解決しようとすると、実は課題は以下のようなものを例として多種多様にある。
・事業が求める人材を理解し採用、育成、配置を駆使しながら、どのように計画的に調達するか？　現実的にリスキル、リソースシフトは事業成立のための打ち手として現実的なものになっているか？（質的な人材獲得の観点）
・日本の労働人口が減少する中、いかに労働力を確保するか。雇用延長をすることだけがその課題を乗り切る答えになるのか？（量的な人材獲得の観点）

・労働生産性が非常に低いにもかかわらず、法規制や過重労働抑止の観点から労働時間が減少傾向にある日本において、従業員の生産性をどのように上げていくのか?
・国籍や性別のみならず、認知や考え方の多様性が増している従業員を受け入れ、継続的に働いてもらう環境や価値観をどうやってつくるのか?
・就社から就職へといった言葉が定着し、流動性が徐々に高まっている中で、どうやって自社の価値観や文化を浸透させ、その会社とともに歩みたい(エンゲージメントの高い)従業員を増やしていけるのか?
・取締役会におけるガバナンスの向上、VUCAの時代を素早い判断と多面的な視点で乗り越えるために、意思決定の多様性をどう担保するのか?
・日本国内に限定せず最適な配置を実現し、お気に入り人事や事業部門個別最適を超えた形で、どう後継者を計画的に育成していけばいいのか?
・日々新しいものを生み出すことが求められ、そのスピードが上がる中、どのように組織の中にイノベーションを創出する仕掛けをつくっていけばいいのか?

このような課題すべてを、一度に解決するのは難しい状況にある。今まではこういった課題が〝致命傷〟とはならなかったため、努力目標としての対応でよかったのかもしれない。

経営、事業など人事部のステークホルダーから求められることについて〝全包囲網的〟に応える施策の立案、属人的判断における成否の判断、リソース不足が言い訳に使える〝できたらよい〟人材戦略の遂行でよかったのかもしれない。

しかし、それでは今後企業として生き残ってはいけないだろう。「何を解決しないと生き残れないか？」の観点から解決領域を選択、リソースを集中し、それが達成できるよう定量的に目標を設定、成否をデータドリブンに判断し、実行をコミットメントする、〝せねばならぬ〟人材戦略の遂行に変わらないといけない。それこそが人的資本経営なのである。

〝不平等〟こそが人的資本経営

ある企業で社長を含む役員全員を集め、人的資本経営についての勉強会を開いたことがある。そこで当社の考える人的資本経営について説明した。人的資本経営は選択と集中を行い、事業において優先的課題を解決する領域を決めるべきであると話した際、役員の1

人がこう言った。

「久保田さん、選択と集中の重要性は非常に理解できます。しかし、選択と集中から漏れてしまった従業員はどうなるのですか？　それは不平等ではないでしょうか？」

この言葉に、日本のトップ企業の役員でも、今ある事業が縮小もしくは成長できなくなるリスクよりも、〝過度な平等性〟へのこだわりが捨てられないのかと驚いた。

まず前提として伝えたいのは、選択と集中の対象とならなかった領域やそれに従事する従業員を解雇したり、ないがしろにしたりするわけではない。「より強化するところを決めましょう」ということだ。

それでも日本企業の多くは、こうした強化ポイントの特定には過敏に反応する。恐らくこれは高度経済成長期の家族的経営の名残で、従業員に対して全員が一律に恩恵を得られる機会を提供し、全員が同じ方向で成長しようという考え方なのだろう。

つまりここでは、「平等性」という言葉が「画一的」とほぼ同じ意味で使われている。これだけビジネスの複雑性、人の多様性が増しているにもかかわらず、日本企業ではいまだに、全員に同じことを提供しようとする発想が強い。

それゆえに日本企業は、全員向けの効果の得にくい施策に多額の投資をしている。例えばＤＸ人材の早期育成を狙った、ｅ-ラーニングのプログラム研修がそれだ。社員全員に受講させ、そのために何千万円、何億円を費やしている。

こういったアプローチの問題点は、４点ある。

１つ目は、「ＤＸ人材」という曖昧なワードで投資領域を決定していることである。そもそもＤＸ人材というのは非常に概念的だ。デジタルを使ったビジネス企画ができる人、ビジネスニーズを押さえＩＴアーキテクチャーやソリューションの設計ができる人、そして実際にプログラムなどを活用し、システムの構築や現場の業務改善ができる人といった「役割をベースとした切り口」と、顧客サービスや自動車や機械の制御など「価値の方向性の切り口」とが組み合わさったものであり、人や事業のニーズによって変わる。このため、ＤＸ人材とひとくくりにしているのは非常に乱暴である。

ではどうすればよいのか。まずは、必要としている人材像の解像度を上げることだ。そうした人材を育成するためには、どんな教育が必要かを検討する。一般的な知識レベルでいいのであれば基礎的な教育でいいし、反対に専門的な知識を必要とするなら、場合によっては専門機関との連携なども視野に入れる。

加えてそれは自己学習、インプットレベルでどうにかなるのか、その知識を活用し、

ＯＪＴといった形でアウトプットを伴わないと身につかないのかも見定める。そういった場の提供が自社だけでできるのか、他社との連携が必要なのかも考えなければいけない。

２つ目は、これだけ従業員が多様化しているにもかかわらず、コンテンツ提供がｅ－ラーニングのみという点だ。

日本では多様性という言葉が、いまだ性別と国籍といった人口統計学的な分類でしか語られていない状況にある。他方、欧米諸国ではこれらに加え、考え方や価値観、その背景となる経験や保有しているスキルといった認知的な多様性も重要視されている。こうした欧米と日本のずれが埋められていないために、人材課題の捉え方や施策の打ち方に考慮が足りない点が散見されるのだと思われる。

従業員は多種多様だ。自身で目標や目的を持ち、コンテンツさえ提供すれば自律的に学習する従業員、まず会社から方向性や求めるスキル、キャリアを提示し、学習を喚起する必要がある従業員、ゲーム性を重視し他者とコミュニケーションを図り、賞賛と受容の関係を持ち、日々の仕事を楽しくすることで学びにつながる従業員など、いろいろなタイプの人がいる。自社の従業員にはどのような人が多いのか、そしてどのような人であってほしいのかをきちんと定め、総合的に考えた上で、施策を打つべきである。

3つ目は、日本の過度な平等性に起因する分散投資である。日本の人材開発投資は、欧米の5分の1といわれている。それに追いつかないといけないという潮流はあるが、これも日本の過度な平等性が残ったまま実現されたのでは意味がない。従業員1人当たりの投資額や絶対額としては同水準になっても、本当に必要な領域に選択と集中をしないまま、人材開発投資を実施したらどうなるか。恐らく共通育成投資が中心となり、重点テーマごとの人材投資は欧米と差が縮まらないまま。投資効果は思ったように上がらず、結果として投資ロスが大きくなるのではないだろうか。ではどうするか。社員全員ではなく、重点領域に関わる従業員に集中して投資することだ。重点領域に関わる従業員1人当たりの育成投資額、これが指標となる。人材育成のためには本来、投資の集中が必要である。そうしなければ効果は薄いということを知るきっかけになるのではないだろうか。

4つ目は、人材投資の「刈り取り期間」の勘違いである。

これはよく、スポーツに例えられる。例えば、バスケットボール経験者に「一人前の選手として試合に出られるようになるまでに、おおよそどれくらいかかるか？」と尋ねたら、「一般的に2年から3年」と答えるだろう。しかも、それは学生時代であれば、放課後に毎日、何時間も練習を重ねた場合だ。

ビジネスの世界に置き換えたらどうだろうか？　習得期間やそれにかかる努力、労力がぐっと減るだろうか。答えはノーである。人材を育成し、第一線で活躍するまでになるには少なくとも5年はかかる。専門のコーチをつけるような特化した教育や、業務上「学べる」状況をつくり出してやっと、その期間を短くできるレベルだ。

そこから考えるに今年、来年など短期の刈り取りを念頭に人材育成をすることは、正直効果的とはいえない。5年以上先の未来に有望な領域を特定し、そこに必要な従業員を本気で育成する。そこまでやってようやく、要望を満たす人材を創出できるのだ。

「まだ先の話だから」では間に合わない。企業は5年以上先の事業、経営、労働市場の未来を想定し、今まさに手を付けるべき領域を決め、そこに必要な人材を今すぐ育てていくことだ。もしそれを〝不平等〟として捉えるのであれば、不平等こそが人的資本経営の本質である。

人的資本経営はそもそも人事部だけでやるものではない

こう提案すると、人事部の担当者は「今の自分たちだけではとてもできない！」と考えるかもしれない。もしくは「事業と連携するHRBP（エイチアールビジネスパートナー：事業側のニーズを確認し、その人材課題を解決する専門家）を早急に人事部内につくらなければならない！」と考えるかもしれない。

しかし、この問題はそもそも人事部という部署だけの問題ではない。人的資本経営＝人事ではなく、人的資本経営＝事業、経営上の人的課題解決なのである。だからこそ、経営＝CEO（チーフ・エグゼクティブ・オフィサー）やCSuO（チーフ・サステナビリティ・オフィサー）、事業＝事業トップ・CSO（チーフ・ストラテジー・オフィサー）のほか、その事業成立にキーとなる技術を担うCTO（チーフ・テクノロジー・オフィサー）、事業や経営を成立させるための人材課題解決＝CHRO（チーフ・ヒューマン・リソース・オフィサー）が一体となって初めて成り立つ。

過去に、あるクライアントから「人事部の立ち位置が低く、事業部からの期待感も薄いため、事業連携ができていない。ただ、この人的資本経営というブームをきっかけに、経営側に対して人事部の格上げを提案し、事業や経営と対等に議論できるようにしたい」という熱のこもった話をされ、支援したことがある。

この話を聞いて私は、人的資本経営は今の日本企業にとって非常に重要なものであると実感した。同時に、現在の一種の〝流行り〟の状態に乗じて、明確な立ち位置をつくるチャンスであり、これを逃すと日本企業がこの時代を乗り切る機会を失ってしまうと確信した。多くの日本企業で、人事部が人事権を握っていた時代から、各部門が人事権を持つようになった。こうした立ち位置の変化により、〝事業連携〟がさらに難しくなっている背景もある。

前述したプロジェクトでは、こんな追加エピソードもある。

人的資本経営の取り組みを具体化するため、人事部が経営企画部に背景を説明し、事業戦略についてヒアリングしようとするや否や、経営企画部の担当者から「外部(我々コンサルタント+人事部(!))に事業戦略を見せることなどできない」と言われてしまった。そもそも同じ企業の社員で、パートナーとなるべき人事部や、その支援を行うコンサルタントに対して強固な壁があった。それだけ協業への期待も信頼もなかったのだろう。

もちろん、ここで引き下がったわけではない。クライアントの人事部と我々は信頼を勝ち取るために、一見企業全体からすると無駄とも思われるアプローチをとった。

それは、今ある公開情報と人事が知り得る情報から、クライアントの事業戦略を仮説的に考え、その事業戦略を成立させるために、解消すべき人的課題を仮説的かつ具体的に作成して経営企画部に説明に行ったのである。

ある意味それは、完全に無駄になるかもしれないという博打でもあった。結果的に、経営企画と有意義な意見交換をすることができた。我々の作成した事業戦略および人的課題の仮説が具体的だったからだ。何が異なっているか、何が当たっているかについて答えてもらうことができ、共通の課題認を持てた。最終的には、事業戦略に対して解決すべき人的課題は何かまで合意することができた。

ここでのポイントは以下だと考える。

1つ目は、「事業側のパートナーとして人事部は、どれだけ事業を理解しているのか」だ。これは単に今の企業の状態を指すのではない。戦っている市場の理解とその市場の成功におけるKSF（重要成功要因）、競合状況がここ5年、10年の間にどうなっているかを知っていることである。

これは事業戦略を仮説的に考えることで、その専門家である事業部や経営企画部と張り合えるような戦略をつくれずとも、背景や課題を理解できるレベルに到達するために必要なことである。

2つ目は事業側が知らない、労働市場の現在と未来を熟知していることだ。事業側が欲しい人材が労働市場にどれくらい存在するか。調達の難易度はどれほどか。いくらくらいの報酬水準で雇用され、それが自社の報酬水準や働き方とどの程度異なるか。例えば、製造業の企業がソフトウェア開発の人材を獲得する場合、ソフトウェア開発の企業と比べ、魅力度にどれくらい差があるのか、といった情報を提供し、調達の仕方を提案できる。

実際、ある企業の場合、業界別就職ランキングでは上位であるものの、欲しい人材は別の業界におり、その業界では自社の強みであるブランドや処遇を生かせないため競合に勝てず、人材調達ができない状況にある、といったこともある。

このように事業の複雑性が増していることから、業種ごとの人材調達はもはや成立せず職種別の人材調達となっている。そのため人事部は人材獲得が、従来戦ってこなかった異業種との争いになることを知った上で、事業側とコミュニケーションを図ることが重要だ。

このように、人的資本経営を経営、事業、人事の三位一体の動きとするために、事業側としてもいかに人的課題の解決が事業戦略を成立させる上で重要か、そしてそれは事業戦略を考えるプロセスにも組み入れる必要があることを理解する必要がある。人事部としても事業戦略、さらにそこからの要員計画が落ちてくるのを待つといったスタイルではなく、自分たちがその事業の課題と労働市場を理解することで、事業戦略の成立性を高める支援を行う立場であることを理解することで、パートナー関係が構築できるのである。

そういった動きの中で、人的課題を解決するためのトップとなるＣＨＲＯの存在は非常に重要である。多くの日本企業において現在のＣＨＲＯの役割、ケイパビリティは過渡期にあると言えるが、ＣＨＲＯはどうあるべきなのか。人的資本経営推進の核となるよう、以下の３つのステップで進化していくことだ。

ステップ１：人事部長としてのＣＨＲＯ

人的資源管理でよかった時代、つまり人材を量・労務費として捉え、全員を一律に取り扱うことをベースとした労務専門家を指す。

役割としては長期雇用をベースに、事業の成長に対して従業員全体のやる気、スキルを底上げし、低い退職率、右肩上がりの従業員増加を目指すものである。

そのため実施すべきは労務問題への対処や組合との交渉、従業員の長期雇用を成立させる制度設計、人事業務の効率的なオペレーション、従業員に向けての人事サービスの向上といったことが求められる。

多くの日本企業においてはCHROであっても、まだ上記のような労務専門家であることが多いのではないだろうか。

ステップ2：経営トライアングル（CEO、CSO、CFO）の経営を後方支援するCHRO

CEO（全体の意思決定、資源配分）、CSO（経営、事業の戦略）、CFO（財務、事業リスク評価）が経営チームとして討議していく中で、解決すべき人的課題が落とし込まれ、その課題解決を担う人的施策の専門家を指す。

これはステップ1よりも経営、事業連携に前進しており、積極的に人的課題に関して議論できる状況になっている。その反面、労働市場における理解や人材調達状況に対する情報が十分に取れず、戦略が絵に描いた餅になるリスクをはらんでいる。また、人材課題の解決に必要な5年以上のスパンを無視した短いスパンでの要求を現場に出すことで、双方

推進の核となるCHROの進化

Step1

人事部長としてCFO支援

人材を量・労務費としてとらえ事業継続を支援する労務専門家

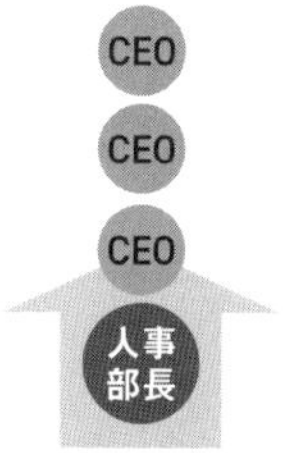

Step2

CHROとして
トライアングルを支援

経営（CEO）、戦略（CSO）、調達（CFO）の現在課題に対して、実行する人事施策の専門家

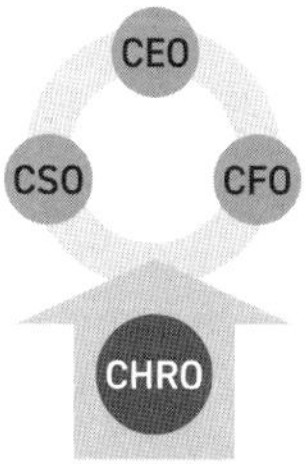

Step3

経営全体を支援

経営・事業における人的課題を起案し、経営の在り方、事業・機能戦略に人的側面で参画する事業と人材の専門家

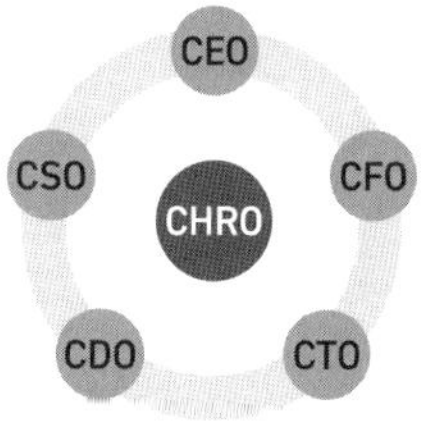

CHROの役割は人事から経営・事業における人領域の専門家になっていく

の理解が得られぬまま施策が未達に終わる恐れもある。
ただ、このステップの状態でＣＨＲＯがより前のめりで議論に入り込み、提案をしていくことで、経営チームにおける必要性を喚起することができるのではないだろうか。

ステップ３：経営チームとして、経営全体を支援するＣＨＲＯ

経営、事業における人的課題を起案し、経営の在り方や経営戦略、事業戦略の策定自体に人的側面で入り込み、その成立性を高める事業と人材の専門家を指す。

経営チームとしてのＣＥＯ、ＣＳＯ、ＣＦＯだけでなく、昨今の経営、事業戦略の成立に必要となる技術側面としてのＣＴＯ、デジタル側面としてのＣＤＯ、人的側面としてのＣＨＲＯといった5ＣxＯsで構成されたカルテッドモデルの経営チームの一員として参画する。

そうすることで技術、デジタル、人の動向といった将来的なことを経営チームとして議論しながら、バックキャスティングで戦略の策定を行うことを可能にする。

では、そのＣＨＲＯを支える人的資本経営の体制はどうなっていくのか？　我々は以下の３つの役割だと考える。

1．事業側の代表として仮説的に将来事業、市場状況の解像度を上げていく役割
2．労働市場や調達の状況を理解し、人的課題に対してインパクトのある施策を考える役割
3．社内外にその活動の魅力を伝え、ステークホルダーを惹きつける役割である。

1については事業側の代表、もしくは事業戦略を担う役割が経営企画部であればそこが該当する。2は人事部が該当する。ただし、労務専門家というより労働市場、人的施策の専門家集団であるべきだ。3はIRやサステナビリティ企画部、広報部と人事部の採用担当が該当する。投資家や労働市場、従業員の期待を理解し、企業の人的資本経営の取り組みを効果的に開示することで、投資対象、勤務先としての魅力の向上に努める。

このように、人事部に閉じた形ではなく、企業の人的資本経営を推進する横断的な体制を構築し連携することが、スムーズな人的資本経営の実践には必要だ。

それではこういったあるべき姿、役割を踏まえた上で、どのように人的資本経営を推進するのか。

それは企業のあるべき姿を実現するために、リソースの分散をして実行できない、もしくは実行していることが実現に寄与しないということがないように、実現のために重要な

課題は何かを企業全体で明文化して合意を取り付け、その解決に一貫性をもって実行することである。

そのために、まずは企業のあるべき姿である企業のパーパスやビジョン、そして長期的な観点であるサステナビリティの目標の達成、短・中期的な事業戦略とその目標を企業のあるべき姿として、全体で合意するところから始める。

次に選択と集中の観点から、あるべき姿の達成に必要な課題のうち優先的に解決するべき人的課題、我々はそれを「人材マテリアリティ」と呼ぶが、その人材マテリアリティを会社全体として合意をするステップに進む。

続いて、人材マテリアリティが達成された状態を数値化する。達成、未達成を測定可能にした上で、目標値を設定する。そして今あるリソースでやるべきことを戦略として定め、より効果の出る尖った施策を設計、実行していくこととなる。

このような企業の価値向上につながる人的課題の解決を行う、企業ならではのストーリーを我々は「人的価値創造ストーリー」と呼ぶ。人的資本情報開示は、この人的価値創造ストーリーを投資家や労働市場などのステークホルダーに対して発信することで、実際の経営の在り方とステークホルダーに対しての訴求を一致させる。

ただし、企業が既に実施している、解決しているような人的課題についても、ステークホルダーが期待する情報である場合や、法令やルールとして定義され開示を求められている情報、競合企業が既に出しているが自社が出せていない人的資本情報について、あえて人的価値創造ストーリーに付与することで、より魅力的かつ一貫性のある情報開示ができる。

次章より、こうした人的資本経営や情報開示の在り方および検討のフレームワーク、そしてそれを実行する企業の事例について説明する。

第2章

納得できる重要課題をつくり上げる

HUMAN
CAPITAL IMPACT

フレームワークを活用
部門を超えて語り合える場をつくる

日本における人的資本経営は現状「ＫＧＩ（重要目標達成指標）、ＫＰＩ（重要目標の達成度合いを示す指標）の定義とその開示」の観点が注視され、「達成状況の測定に適した指標は何か」「そのデータはあるか」の議論に終始しているケースが多い。指標やデータはもちろん大切な要素だが、そもそも人的資本経営は何をもって成功と言えるのか。

人的資本経営の本質は人材（資本）の価値を最大化し、企業価値の向上に寄与することである。これを実現するためのポイントは大きく①生産性向上、②エンゲージメント向上、③多様な人材確保の３つに集約される。

一方で、理想の経営とはどのようなものか。働く場として自社が選ばれ、多様な人材がその場を求めて参画し、自社での業務を通じて自己実現と成長を感じ、会社にとっての革新やより大きな成果（業績）を生むサイクルを実現する――。シンプルではあるが、企業および働く人にとって理想として追い求める経営の在り方は、このような状況ではないだろうか。企業はこのサイクルを築くために必要な投資をすることで、企業価値を高めていくことが求められている。

つまり人的資本経営の成功とは、企業運営を担う根幹（資本）である「人」に対してどのように「投資」し、①～③を達成していくかを明確にストーリー化できている状態であり、達成に向けた具体的な施策の実践を通じて効果が刈り取られた状態と定義づけられる。

こうした成功を目指すため、人的資本経営において最初にすべきは、人材における「解くべき課題」の特定だ。では、どのように課題を特定していくか。第1章で述べたように、人事部を超えて企業全体で議論し合意に至るためには、部門を超えて共通のフレームを活用しながら整理することが有効だ。

アビームコンサルティングでは、自社における人的価値創造をストーリーを立てて整理するための独自フレームワークを提唱している。このフレームワークは、大きく4つのパートで構成されている。

1つ目は、目指す姿の定義だ。ここでは、企業の存在意義を表すパーパス、バリューを明示し、長期的な事業継続に資するサステナビリティ目標と、中期経営計画で示されるよ

ABeam人的資本経営ストーリーボード

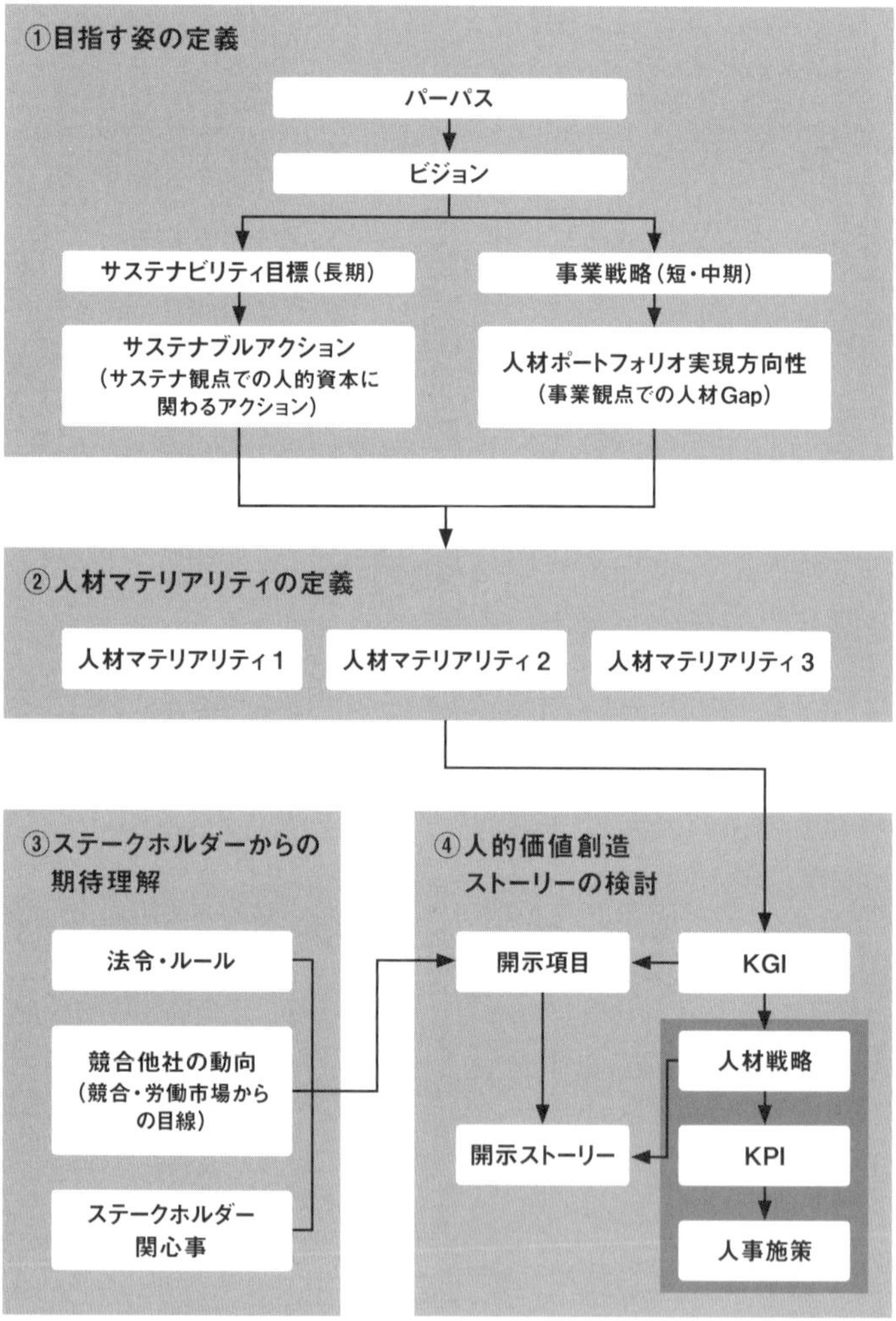
①目指す姿の定義
パーパス
ビジョン
サステナビリティ目標（長期）
事業戦略（短・中期）
サステナブルアクション
（サステナ観点での人的資本に
関わるアクション）
人材ポートフォリオ実現方向性
（事業観点での人材Gap）
②人材マテリアリティの定義
人材マテリアリティ 1
人材マテリアリティ 2
人材マテリアリティ 3
③ステークホルダーからの
期待理解
法令・ルール
競合他社の動向
（競合・労働市場から
の目線）
ステークホルダー
関心事
④人的価値創造
ストーリーの検討
開示項目
KGI
人材戦略
開示ストーリー
KPI
人事施策

うな短・中期的な事業戦略を分けて整理し、検討できるよう構成している。この、分岐を持った整理が重要な観点だ。なぜなら従来の人事戦略は、企業全体に対して平等に投資をする考え方に基づき、立案されているケースが散見されているためである。均質的な階層別研修などがこれに該当する。

この従来型戦略の欠点は、総論で見ると正しい内容であるが、この投資が短・中期の事業戦略に直接的に作用する事柄なのか、長期視点で事業継続を維持するための事柄なのかが区別されずに語られてしまい、その効果（アウトカム）の刈り取り時期が不明瞭になりがちなことである。事業戦略と人事戦略の非連動が起こる要因の大半は、ここにあるといっていい。パーパス、バリューを実現するためには、長期のサステナビリティ目標と短・中期での事業戦略が必要だ。人材における目標は、これら2つの視点に照準を合わせ、それぞれに必要なものを整理しなければならない。

従ってこのフレームワークでは、人事が受け止める所与の条件としてパーパス、バリューおよび、長期のサステナビリティ目標と短・中期での事業戦略を整理した上で、長期視点での人材における目標「サステナブルアクション（サステナ観点での人的資本に関わるアクション）」、短・中期視点での人材における目標「人材ポートフォリオ実現方向性（事業観点での人材ギャップ）」を定義できるものとしている。ここまでが、目指す姿として明文化するパートである。

2つ目は、人材マテリアリティの定義だ。マテリアリティとはここでは解くべき「重要課題」という意味で使用している。1つ目の目指す姿から導き出された短期視点、長期視点双方の目標のうち、優先的に投資し解決すべき重要課題を3～4つ程度に絞り込み、明文化する。

3つ目は、ステークホルダーからの期待理解だ。ステークホルダー（株主、従業員、労働市場など）に対し、自社の人的資本経営を開示するにあたって、あらかじめ、法令やルールに則り求められていること、競合他社の動向より比較の観点で求められていること、ステークホルダーの関心事項の3つの観点で押さえておくべき事項を整理しておく。

4つ目は、人的価値創造ストーリーの検討パートである。ここでは、先に定義をした人材マテリアリティ（重要課題）に対して、達成状況を測るKGIの定義、KGI向上のための人材戦略と、KGI達成に寄与する施策およびその進捗を測るKPIを整理する。この一連の流れが人的資本価値創造ストーリーそのものとなり、ステークホルダーからの期待理解も踏まえて、開示する指標とストーリーを立案し決定する。

以上の4つのパートを順を追って検討することで、おのおのが独立して検討を進め、論理矛盾を起こすことなく、企業全体で整合性をもった人的資本経営の在り方を検討、合意に至るためのフレームワークとなっている。

では、どういった体制でフレームワークに向き合えばいいのか。一般的な企業における組織分掌では、経営企画部門（CSO組織）が経営計画（長期ビジョン、中期経営計画）を決まったサイクルで、ローリングしながら検討、策定し、取締役会などを経て経営層と合意する。また、中期経営計画をブレークダウンした上で、各事業部門がそれぞれの事業部門戦略を立案する、あるいは積み上げ式で各事業戦略を集約し、中期経営計画として取りまとめする構造が主流であろう。これに対して、人事部門（CHRO組織）の戦略立案サイクルはどうだろうか。論理的に考えると、まず中期経営計画が目標として定まる。そしてこれを受け、人事戦略を立案し、具体的な実行施策に落とし込むことになる。しかしこれまでさまざまな企業の状況を見るに、

1. 現中期経営計画策定時に人事戦略へブレークダウンし策定したものの、例年の見直し、振り返りの中で双方の軌道修正が十分に整合しきれないまま、結果、部門内でおのお

のに軌道修正され、次第に乖離していくケース

2. 事業戦略を受けたニーズを十分に議論し切れないまま人事戦略が全方位的に策定されているケース

3. 経営戦略立案サイクル、人事戦略立案サイクルが、通年でずれており、そもそもタイミング上、整合できていないケース

が発生しているのが実情だ。

実際、各企業が人的資本経営に改めて向き合い、取り組もうとしたときに、フレームワークにおける「あるべき姿」で、所与の条件として受け止めるべき事業戦略の時点が合わない、たった今鑑にすべき戦略が決まっていない。よって、事業戦略を汲み取った人事戦略の検討ができないといった事態が起こりがちである。この状態をうやむやにしたまま、慣例的に戦略策定のサイクルを回しても事業連動の実現は一向に進まないままである。

自社の人的資本経営に向き合うためには一度立ち止まり、人事部門だけでなく関係部門が一同に集まり、このフレームワークの下でサイクルのずれの是正も含め、まずは情報整理することが第一歩として非常に重要となる。一度このフレームワークで現状を整理する

上でも、部門を横断して、互いの認識を確認するといい。新たなものを検討する前に、1.そもそも認識が違うもの、2.つながりが不明瞭なもの、3.戦略やあるべき姿の解像度が粗いものなど、向き合うべき課題が洗い出されるだろう。

これまでも経営戦略や事業戦略を入念に検討しており、やっていなかったわけではない。同じく人事戦略も経営戦略、事業戦略を意識し、丹念に検討し立案してこなかったわけではない。どこに不十分な乖離があるのか、部門をまたいで認識を合わせることで、ようやく人的資本経営の検討がスタートできる体制となる。

つまり人的資本経営の検討においては、全社で全く新しい概念を取り入れ、一からつくり直すことが求められているのではない。事業と人事の連動を追求するにあたっては人事だけではなく経営、事業と一体となって現状の棚卸しをし、どこにギャップがあるのかを見つめ直し是正していくこと、あるいは定義が曖昧な事項の解像度を上げ、取り組むべき課題の精度を向上することこそが、求められているのである。

したがってこの取り組みはそもそも、人事部（CHRO組織）だけで成立するものではない。このフレームワーク上のあるべき姿に思いがあり、議論に巻き込み、合意を得る体制が必要となる。とはいえ現行業務を抱えながら、最初から複数の部門が一同に会す時間を確保の上、人事部側で議論をリードすることはあまり現実感がないだろう。まずは人事部側でフレームワークを活用して情報を整理し、他部門に尋ねたい不明瞭な点の整理や、ストーリーの仮説を準備の上、関係部門と意見交換をしていくやり方も効率的な進め方である。

なぜならこのフレームワークで仮説を整理することで、一定の優先課題の特定を用いて意見交換するため、事業部門などと「違う」「違わない」「正解はこれだ」といった、より具体的で踏み込んだ議論ができるためだ。従来の人事戦略立案のアプローチでは、事業部へのヒアリングなどを通じて課題を整理し、解決策を立案するやり方が主流だっただろう。このアプローチの難点は、欲しい人材要求をひたすら受け止めることになることだ。到底、要求に応えきれない課題が多く、結果として解決ができない、事業部からの人事への期待感も薄れていく、といった事象が発生しがちである。

重要課題を特定し、実現可能な選択と集中事項により早く近づくためには、「人事のプロ」として人事側から、仮説を起点とした議論が提起されることが有効である。同時にそれは相互理解、信頼のきっかけをつくり今後の協業を円滑に進める上でも、有効な手段となる。

フレームワークを共有し、共通の議論の場（共通言語化するワークシートおよび、物理的な議論の場）を持つことも欠かせない。個々の企業における状況はさまざまだが、それぞれが自部門の言葉や資料に基づき一方的な主張をする間柄であるケースも、実態として多くある。事実、当社がコンサルティング支援をする際にまずは、この部門間の壁を払い、同じテーブルに着くことや、同じ目的意識を持ち議論し合える雰囲気づくりに腐心することも多くあった。このとき突破口となったのも、先に述べたような人事側からの仮説思考によるアプローチだった。具体の議論ができる場（ワークシートおよび議論の場）を持ち、何度か機会を重ねることで、これまで到達し得なかった部門間の関係性を持つことができ、協業体制を整えられた。

言うはやすし、行うは難しとはまさにこのことで、意思を持って共通の議論の場をつくることが何より肝要である。

次項以降はこのフレームワークに則り、どのように検討を重ねていくか、重要な論点は何かを順に解説していく。

パーパス、バリューは誰のもの？ 違う言葉で語っていませんか？

企業の存在意義を表す概念としてパーパス経営の提唱など、改めてその重要性が語られるようになって久しい。人的資本経営を検討、構成するにあたっても、企業の存在意義を表す不変のものとして認識を1つにすることは極めて重要だ。

前項で述べた通り、人的資本経営のストーリーにおいては、まず長期的な事業継続に資するサステナビリティ目標を明確にする必要があり、根源となる企業の存在意義（パーパス）および提供価値（バリュー）から外れる価値観、見誤ったサステナビリティ目標を定義してはならない。

一方、短・中期的な事業戦略においてもパーパス、バリューとの一貫性が求められている。つまり、企業の人的価値創造ストーリーを紡ぐ上において最も重視すべき、最上位の概念であることは変わらないのである。

そもそも日本企業においてパーパス、バリューといった概念は近年生まれたものだろうか。企業理念や社是、経営理念など、会社の在り方を表す概念は昔からさまざまなものがある。辞書的にはいずれも定義が存在するが、企業に所属する一社員としてそれぞれの意味合いや性質の違いについて意を一つにすることは、なかなか難儀なのもまた事実だ。

当社のクライアントでも、こういった状況が見受けられた。創設70年を超える中で企業理念や行動指針、社是などさまざまなものが発信され、また、それぞれが社員の中に浸透した状態にあった。これは、企業への帰属意識を高めるという観点では素晴らしい状態である一方、一体どれが最も大事にすべき価値観なのか、といったことが個々人でバラバラでもあった。そのため議論を進めていく中で、そもそも最上位におくべきものは何かの認識を改めて合わせ、発信していく必要があるということに至った。そしてフレームワークに則りパーパス、バリューを再構成し、社内外に発信していく対応を行った。

このようなケースは、歴史の長い企業ではしばしば見受けられる。①さまざまな価値観を表すものが長い歴史で乱立しているケース、②十分に理念浸透していない、または亜流が存在し、対外的な発信にバラつきが見られるケース（例えば、公開されている社長の経営方針と採用ホームページで書かれている理念めいた文言が異なる）などがある。

人的価値創造ストーリーを整理するにあたって、このような状態は一貫性がなくブレが生じる。そのためフレームワークの整理をきっかけに、何が自社にとっての最上位の価値観か、改めて社内で認識を一致させることが必要だ。

これによる副次的な効果もある。人材ポリシーや人材マネジメントポリシーが経営理念などに基づき、人材戦略の普遍的な軸として策定されている企業も多々ある。改めて自社の価値観を見つめ直した際に、このポリシー自体や共通して求める人材像との不整合に気づき、対応すべき課題として認識されるケースがある。

また事業の多角化を進める企業においては、そもそもパーパス、バリューと合目的ではない事業ポートフォリオに重きを置いた状態になっているケースもあった。これらのケースはそもそも、人的資本以前の経営全体に関わる方向性の不一致を示したものであるが、人的資本経営のストーリー策定をきっかけに課題が表出すること自体に価値がある。ストーリーを正しく整理するという、ゴールを達成するための活動として乗り越えるべき壁であることはさることながら、人事部門がこれまで以上に経営参画に寄与するという意味でも、重要な取り組みの位置づけとなるだろう。

人的資本経営の本質は、人材を資源ではなく資本と捉え、いかに投資するかだ。経営目線と人的投資を切り分けて考えるのではなく、経営目線から一貫性をもって企業全体で認識を新たにするきっかけとすることが、人事部門の役割としても求められる。

サステナ目標こそ会社の「らしさ」を。事業継続を支える根幹を突き止める

前章で述べた通り、ESG経営の文脈で人的資本経営を捉え切るのは不完全であると考える。Social（社会）の一要素としてのみ人材を捉えた場合、ESGとしての価値創造ストーリーには合致するが、企業ならではの長期的な課題を捉えるには十分に検討できていない状態である。事実、人的資本へのインプットとアウトプットが、画一的なもので語られがちである。

では、人的資本経営における、長期的なサステナビリティ目標とは何を指すか。人的資本経営においてのサステナビリティとは、企業の永続や成長に必要な、普遍的に全社員が

持つべき共通の価値観（高い倫理観、自律的成長、多様な個の尊重と共創など）の醸成、あるいは事業環境や社会情勢を俯瞰的に考慮し、企業存続のリスクとなる人的な事柄への対応のいずれかとなる。

従来の人事部門の戦略策定は、平等性を前提に検討される傾向が強かったため真因に踏み込み切れず、「総論賛成、各論反対」的な目標設定となることも多かった。これに起因して、従来も成果型報酬制度やジョブ型、タレントマネジメントサイクルといった「ホットな」キーワードに飛びつき導入したものの、手段が目的化してしまい形骸化したり、あるいは目標設定が曖昧なため成功とは言い難い結果となってしまったりするといったケースが多く見受けられた。

人的資本経営における選択と集中は全企業が求められるテーマであるからこそ、もう一歩踏み込んだ検討を重ね、目標の解像度を高めることが重要だ。

その検討は、どう進めていけばよいか。

当社はさまざまな企業と人的資本におけるサステナビリティ課題を議論する中で、長期的なサステナビリティ目標を7つのカテゴリに分類することができた。

1. **労働力の確保**：社会インフラを担う業種や地域に根差して雇用を確保してきた企業など、労働人口の減少が直接的に起因し、事業継続性に極めて重大な影響を及ぼす状況

2. **従業員が安定的にパフォーマンスを出す、生産性の向上**：小売り、製造の現業など、少ない労働力でコスト競争力を高め効率性を追求することが求められている状況

3. **ダイバーシティーとインクルージョンの推進**：法令順守の観点で、普遍的に求められている状況。ただし、ともすると合理的な目的を見失う可能性を秘めており、企業の継続性に寄与するＤＥ＆Ｉ（ダイバーシティー・エクイティ＆インクルージョン）の在り方を慎重に議論する必要がある

4. **キーとなる役割のサクセッション**：経営層における後継者育成の取り組みおよび世代交代を実現するために管理職層の次世代リーダー育成の仕組み化が求められる状況

5. **イノベーションを創出する仕掛けづくり**：事業ポートフォリオの変革が求められる中で、従来のビジネスモデルに捉われず新たな付加価値を創出するためのイノベーションを活性化させる仕掛けづくりが求められる状況

6. **意思決定の多様化と監査**：企業ガバナンスの観点で従来の成功体験、画一的なリーダーシップに捉われず、さまざまな経験値を持ったリーダーが経営判断し、企業が向か

うべき方向の可能性を多面的に検討できることが求められる状況

7. **ならではの価値観を維持する文化の醸成**：長い年月を経て、創業当時の競争力の源泉となっていた企業文化、従業員に求める普遍的な価値観の低下の是正、または、新たな競争力を生む価値観の根付きを促し、組織としての強みを再認識するための啓蒙が求められる状況

の7つである。

この7つのカテゴリーは、どの企業にも当てはまる普遍的なテーマであると言える。このため、人事戦略として描かれるテーマの1つとなりながらも独自性が薄く、なぜそのテーマが求めるべきサステナビリティ目標であるかが曖昧なまま、推進されてしまうケースがしばしば見受けられる。

しかしながら何が自社にとって大事なものであるか、総論めいた結論を急いではいけない。パーパスやバリューに照らし合わせ、事業環境や業界、業態が置かれている社会情勢を勘案する。さらに、企業の永続のための成長に必要な要素、あるいは企業存続を脅かすリスクが何であるかをしっかりと議論し、血の通った目標にすることが肝要だ。

ある製造業のクライアントの事例を交えて解説したい。当該クライアントは、事業統合を完了させた直後だった。両社が持つ技術力を掛け合わせ、これまでにない機能性を持った製品を生み出すことこそが、統合の意義とされていた。

技術の融合もさることながら、出自も文化も違う従業員がいかに早く価値観を共有し、互いを認め合うか。とりわけ研究開発の職種において、新たな価値を創出すべく協業し、製品開発に取り組むことができる風土を築くことが長期的な競争力の源泉と考えていた。

このため新会社におけるビジョンも、新たな機能を提供するメーカーとなることを掲げていた。これを実現するためには、3．ダイバーシティーとインクルージョンの推進を掲げ、多様な人材が参画し活躍できる環境づくりや、5．イノベーション創出を促す仕掛けづくりが特に求められる事項となる。

この事例ではもう一段、自社としての解釈を明らかにし「共創人材の創出」を、最重要のサステナビリティ目標として結論付けた。これに伴い、人材マテリアリティの1つにも共創文化の醸成を挙げ、実際にパーパス、バリューの浸透、共創のアウトプットを表彰、賞賛する施策の実施に大きな継続投資を行っている。

もう1つ、製造業の企業事例を挙げる。こちらの企業は地域に根差し、当該地域を中心に雇用を確保しながら長期的に発展を遂げてきた。それが事業ポートフォリオの変革に伴い、従来のビジネスモデルで求められてきた人材とは異なる、都市部の企業と競合するスキルセットを持った人材が求められる状況となっていた。

このため1．労働力の確保に向き合うために、都市部の企業との労働力獲得競争に打ち勝つべく、7．ならではの価値観を維持する文化とは何かを再定義し自社のパーパス、バリューの浸透、社内外への積極的な発信を最重要のサステナビリティ目標として結論付け、取り組んでいる。

このように、企業存続に本当に必要なものは何かを見つめ直し、自社ならではの目標をストーリーとして全社で議論の上、認識を合わせ、そこにフォーカスした明解な目標を持つこと。長期的なサステナビリティアクションに落とし込むことが、人材マテリアリティを特定するために重要なのである。

この観点の議論においても人事部内で閉じることなく、経営層、複数の事業部門や管理部門とのヒアリングや意見交換を繰り返し、課題を抽出することが有効だ。その中でも特に、全社で求めるべき共通課題を集約し、共通言語化していくプロセスが求められる。その際に、先述した7つの観点を意識しながら課題を分類すると、整理を効率的に進められる。課題の輪郭が浮き彫りになったら、人事部門が率先して課題仮説を策定し、全社的な合意ステップに持ち込むことで本パートのクロージングが見えてくるだろう。

事業戦略を本気で議論人材の解像度を上げ、未来の人材ポートフォリオを決定する

次に、事業連動の本丸でもある短・中期事業戦略と人材ポートフォリオギャップの検討である。従来の人事部門における人事戦略策定においては、事業との対話のプロセスが十分ではない、あるいは課題を積み上げたものの、収束し切れず、生煮えのままで合意形成ができていないという課題感を持つ企業が非常に多く見られた。

これには大きく、2つの原因があると考えている。1つは、事業を取り巻く環境が目まぐるしく変化する中、事業が求める人材像も早いスピードで変化していくことだ。複数の事業を持つ大企業であればなおさら、求める人材像をヒアリングし抽出するだけでも相応

の工数がかかり、抽出し切った段階で既に人事部門が疲弊してしまっていることがある。この背景には、全事業共通的に平等な取り組みを是とする考え方がある。これではもはや、事業が求めるスピード感に応えられず、整理を進めていくうちにＴｏＢｅが逃げていく、という結果に陥ってしまう。

加えてもう1つの原因は、売り手市場の労働市場である。社会的背景として労働人口の減少はもちろん、デジタル化の波が押し寄せる中、従来であれば同一業態同一業種の労働市場を意識して戦うことが求められていたが、今や競合が異業種に及んだ市場となっている。

異なる業種の企業間で求める人材像がオーバーラップしてきている状況にあり、従来の報酬制度の枠組みの中で労働市場から優秀人材を獲得していくことが極めて困難な状況となっていると言っても過言ではない。結果、事業が求める人材像を一定把握したものの、そんな人材は労働市場にいない、獲得できないまま時間だけが過ぎていくといった悪循環に陥ってしまっている。

このような2つの大きな壁に立ち向かうために、人事部門はどう動けばよいのであろうか。この局面でこそ、重要な経営判断としての選択と集中を行う手腕が求められていると言えよう。

次に検討のアプローチを解説していく。大きな流れとしては、大局をつかみ徐々に焦点を絞って取捨選択をし、効率的に求める人材像に近づいていくことである。

まずは事業上優先度の高いテーマを絞り込むことだ。中期経営計画における事業の戦略を大局でひも解いてみると、いくつかの重要テーマで論点が整理されている。置かれている事業環境に応じて、方向性はさまざまだ。

例えば技術革新や外部環境の変化に伴い、従来のビジネスモデルのルールチェンジが発生し事業の転換を余儀なくされている状況だ。この状況下では、従来事業の縮小に伴い、これまで大量に抱えていた人材が持つスキルセットの価値が急速に低下し、リスキリングあるいはリソースシフトが求められる。

一方、新たな成長が見込まれる事業のグローバルでの特定地域への進出、拡大といった地域性の観点での戦略や、外部環境に起因し急速な拡大が見込まれる事業領域に対する投資を集中させる戦略、付加価値の高い新規プロダクトの研究開発投資など、多岐にわたる。

多岐にわたる事業テーマがある中で、時間軸の観点も踏まえ人的リソース供給が急がれ、人的資本への投資優先度が高いものを事業側と議論し合意する。シンプルな考え方ではあるが取捨選択を経営、事業側、人事部門双方で合意するプロセスを踏むことは、お互いのコミットメントを高め実現に向けた本気度を高めることに効果がある。

事実、非財務指標である人的資本指標が、取締役における評価指標で導入されたケースも出てきている。このような全社一体となる意思決定を含むプロセスが、これまでの人事部門の役割として十分でなかったため、このステップを踏むだけでも大きな変革の一歩となるのである。

次に、特定テーマにおける人材課題の深掘りと求められる人材像の解像度を上げる取り組みだ。このとき有効なのが、特定テーマのバリューチェーン分析により人材の役割やロールを細分化し、課題を特定することである。

特定テーマのバリューチェーンを正しく描き、バリューチェーン上で①ターゲットとする時期を定め、ありたい姿を具体化する。または事業継続のリスクをはらむ事業環境を具体化する。②これらの時期に向かってどのような事業上のアクションをとるべきか、とろうとしているかを具体化する。③②を実行しようとした際に想定される人的課題の候補を列挙する。この時、取り組みを主導し起点となる仮説づくりを、人事部門が担うことがポイントである。

理由は2つある。1つ目は、事業の主体である事業部は事業のプロであり、当然ながら事業戦略上①や②の絵姿を思い描いているが、事業の主体であり内情や担当者の顔が分かるゆえ、痛みを伴う事実や、慣例的な聖域を持った見方をしてしまい、客観的な視点での分析ができていないリスクをはらんでいるからだ。

もう1つの理由は人事部門側の理解、受け止めを整理し、事業側にぶつけることが重要だからだ。なぜなら、人事部門側の理解と事業側の思いに齟齬がないか、事業側が正しく発信しきれているのかという具合に、互いの認識齟齬に気付くきっかけを生むからだ。

この仮説を地図としてバリューチェーンそのものの正しさや、将来の事業環境、そのためのアクションの認識を合わせるとともに、人材課題を解決するための人材像を議論し、解像度を上げていく。この議論の結果として、複数の求めるロール、役割を果たせる人材像が特定されてくる。このうち、どこが最大のボトルネックであるか、優先度の高い人材がどれであるかをさらに特定していく。この議論を重ねることで、お互いの合意を経ていく。

ここでもポイントになるのは、対象となる人材をいかに優先度付けし絞り込めるかである。時間軸を意識し、1.最優先とし、即座に実行計画に移しポートフォリオを満足することを急ぐもの、2.中期的(3~5年)での実現を目指し、ポートフォリオを満足することを狙うもの、3．それ以外のもの、に仕分けし、特に直近の目標を明確にすることを目指すべきである。これにより、抽象的な量的ポートフォリオに基づく要員計画ではなく、戦略的なポートフォリオ作成に向けて優先すべき人材の方向性を定めることができる。

優先して獲得すべき人材像が固まったら、当人材に求める人材要件を可能な限り定義しておくことが望ましい。人材要件を構成する要素は大きく3つ。1つ目は行動特性（コンピテンシー）、2つ目はスキル、経験、3つ目はエンゲージメントである。

人材要件の定義まで行っておくことで、当該人材の供給を満足するための方向性を定めることが容易となる。方向性とは大きく、1．自部門での内部育成による当該人材の獲得、2．企業内他部門の人材から、育成可能性のあるポテンシャルを持った人材の母集団を特定し、配置転換を含めた当該人材の獲得、3．経験者採用を通じた社外からの当該人材の獲得、4．外部委託など、自社内で労働力を保持しない形式による当該人材の獲得などに大別される。

1から順に人材要件と照らし合わせ、どの方向性が現実的に達成可能かを議論し確定する。ここまで議論が煮詰まれば、注力テーマに対して優先度が高く求められる人材像並びに人材要件、人材供給を満足するための方向性まで描ける状態となる。なお、より具体的な人材ポートフォリオ充足のためのアプローチの詳細については、第３章の中で解説しているので併せて参照したい。

特に複数の事業や部門を抱える大企業である場合、事業を跨って特定テーマを絞り込んだ上で深掘りの議論を展開することが難しいケースもあろう。この場合のアプローチは、個社の事情に合わせて柔軟に対応することが求められる。例えば、どの事業部門も一定の規模があり、そもそも事業部門を超えての優先順位がつけ難い場合や、既にＨＲＢＰ制が一定機能しており、１つの事業部門に対して選任的に工数を割くことができるケースである。

この場合はそれぞれの事業部門に閉じて、先に述べた手順を並行的に進めるなど、全社の落としどころを探るに当たっては実情を勘案してアプローチを最初に決定しておくことが望ましい。

実際にある製造業の事例では、人事部門の組織改革を実践しＨＲＢＰ部門を設置していた。部門と伴走しながら人材マネジメントプロセスのほぼ全領域をサポートする立場であり、高度な人事スキルが求められるＨＲＢＰ職の中で、まだ立ち上げ初期ということもあり十分な知識と経験を有するメンバーは限られていた。

このため経営戦略上優先度の高い特定のパイロット部門を定め、経験豊富なＨＲＢＰ職のメンバーをアサインし、初年度は求める人材像とスキルの定義、将来ポートフォリオ策定の取り組みを進めることとした。まずは一連のプロセスを実践して成果を出し、プロセスの汎用化によりHRBP部門内で知識を共有し、各事業部門に一連のプロセスを展開するというアプローチだ。

経営戦略上の優先順位とも齟齬がなく、なおかつ足元の自力を評価の上、達成にコミットしながら中期的に将来ポートフォリオ構築を実現するという理にかなったアプローチと言えよう。

一方、ある社会インフラを担う企業では、別のアプローチを実践している。複数の事業を展開しているが、いずれも社会基盤全体のインフラとして複合的に価値創造することをパーパスとする企業である。

このケースにおいては特定の事業に優先的に注力するのではなく、すべての事業が押しなべて成長し続けることこそが求められている。このため人事部門主導で各事業の成長戦略上、優先されるべき具体のコア人材を特定し、そうした人材を事業ごとに獲得するための人材戦略を作り上げることに集中した。各事業で求める人材像の中でも最優先で達成すべき重要人材に集中し、施策を打つというアプローチである。こちらも自社のパーパスに基づき、中期的な将来ポートフォリオを構築するに向けた好事例と言える。

このように自社が持つパーパス、バリューや本質的な強みを意識し、柔軟な考え方で事業との関わり方を定義すること、将来ポートフォリオ構築の方向性決定に向けたアプローチを立案することが求められている。

変わらない競争力の源泉、事業、人材像切り口を研ぎ澄まして課題をそぎ落とす

長期的なサステナビリティ目標に基づくサステナブルアクションの観点、短・中期での事業戦略に基づく、人材ポートフォリオ実現の方向性を定めるための検討アプローチについて、解説してきた。ここまで情報が整理された段階では、両面でさまざまな人材マテリアリティ候補が抽出されてきた状況となることが想定される。

人的資本投資の肝は選択と集中を行い、取り組むべき課題を特定、課題解決の実現にコ

ミットすることだ。実現可能性が高く取り組み可能な人材マテリアリティは、概ね3～4つであると考える。各マテリアリティを掘り下げ、施策に落とし込み、人事部門内で通常抱えるリソース内の各担当(各課)に割り振りして実現できる業務量としては妥当だからだ。これ以上の数を定義し取り組もうとすると、現実的に複数のマテリアリティを担当するメンバーが発生し、通常業務も抱えながら頓挫する可能性が高い。またマテリアリティは、課題の起点として誰もが意識するものであることが求められる。多く抱え込んでしまうと、マテリアリティ同士の優劣をおのずとつけてしまう、目指すべき状態定義が複雑化し到達点を全社でイメージし難くなる、といった弊害も生む。全社で理解可能で、人事の意思がしっかり伝わるものに集約し、シンプルな言葉で発信することが求められる。

では、どのように人材マテリアリティを定義づけていくのか。まずは、長期的なサステナビリティ目標に基づくサステナブルアクションの観点、短・中期での事業戦略に基づく人材ポートフォリオ実現の方向性のそれぞれで、候補となる課題を並べ、俯瞰してみてみよう。長期目線と短・中期目線で分けて考えることがポイントだ。

長期目線では、先に解説した7つのカテゴリ(1.労働力の確保、2.従業員が安定的にパフォーマンスを出す、生産性の向上、3.ダイバーシティーとインクルージョンの推進、

4. キーとなる役割のサクセッション、5. イノベーションを創出する仕掛けづくり、6. 意思決定の多様化と監査、7. ならではの価値観を維持する文化の醸成）に基づき、自社の強みとして求めるものが既に一定絞り込まれているであろう。これを自社の言葉で明文化し、1つまたは2つ最も大切にすべきものを人材マテリアリティとして定義することが王道であろうと考える。

次に短・中期目線だ。人材ポートフォリオ充足の方向性の議論で、自社の事業環境に照らし合わせながら、優先すべきものが特定されているはずだ。この中で人材マテリアリティとして明文化するにあたっては、1. 時間軸での優先度、2. 地域やテーマといった事業における注力事項、3. 事業クロスで求める人材像の共通要素の底上げ、といった観点を俯瞰して自社の優先事項を明文化する。

さらに、充足の手段（具体の施策）の方向性を明らかにし明文化する。例えば、XX事業を担う人材のリスキリングや育成、外部調達、戦略的配置といった調達戦略全般である。言い換えれば、事業上、何を優先するかを明確にし、ポートフォリオ実現に向けた取り組みの方向性を明文化する、ということだ。

ここではできるだけ経営戦略、事業戦略で語られていることと、齟齬が生じないように明文化することが重要である。また総論めいたものにならず、どこに力点を置くのかがシンプルに伝わるものであることが求められる。可能な限り具体に落とし込んだ表現をすることで、全社で意思決定する際にも意見交換がしやすくなる。この観点で1〜3つ程度の人材マテリアリティに絞り込むといいだろう。

ぶれない、魂を込めた人材マテリアリティを、全社で合意するプロセスを丁寧に行うことが重要だ。人的資本経営ストーリーボードのフレームワークに則って順番に議論されてくれば、経営層や人事担当者といった社内のステークホルダーに対しても論理付けて説明でき、理解を得やすい。そのため、このタイミングで確実に合議まで持ち込むことを推奨したい。ここまで一連で解説した内容を総括して図表で表すと左ページのとおりとなる。全体像で理解して推進してほしい。

次に、これらのマテリアリティを軸に、具体的な人材戦略や施策に落とし込んでいくこととなる。おのずと、人材戦略の柱となるテーマが人材マテリアリティとして明解にテーマアップされた状態となっているため、以降の検討においては迷うことなく掘り下げが容易に進められるだろう。第3章では、施策を定めていくアプローチについて解説する。

ABeam人的資本経営ストーリーボードを活用した事業戦略・人材戦略の接続

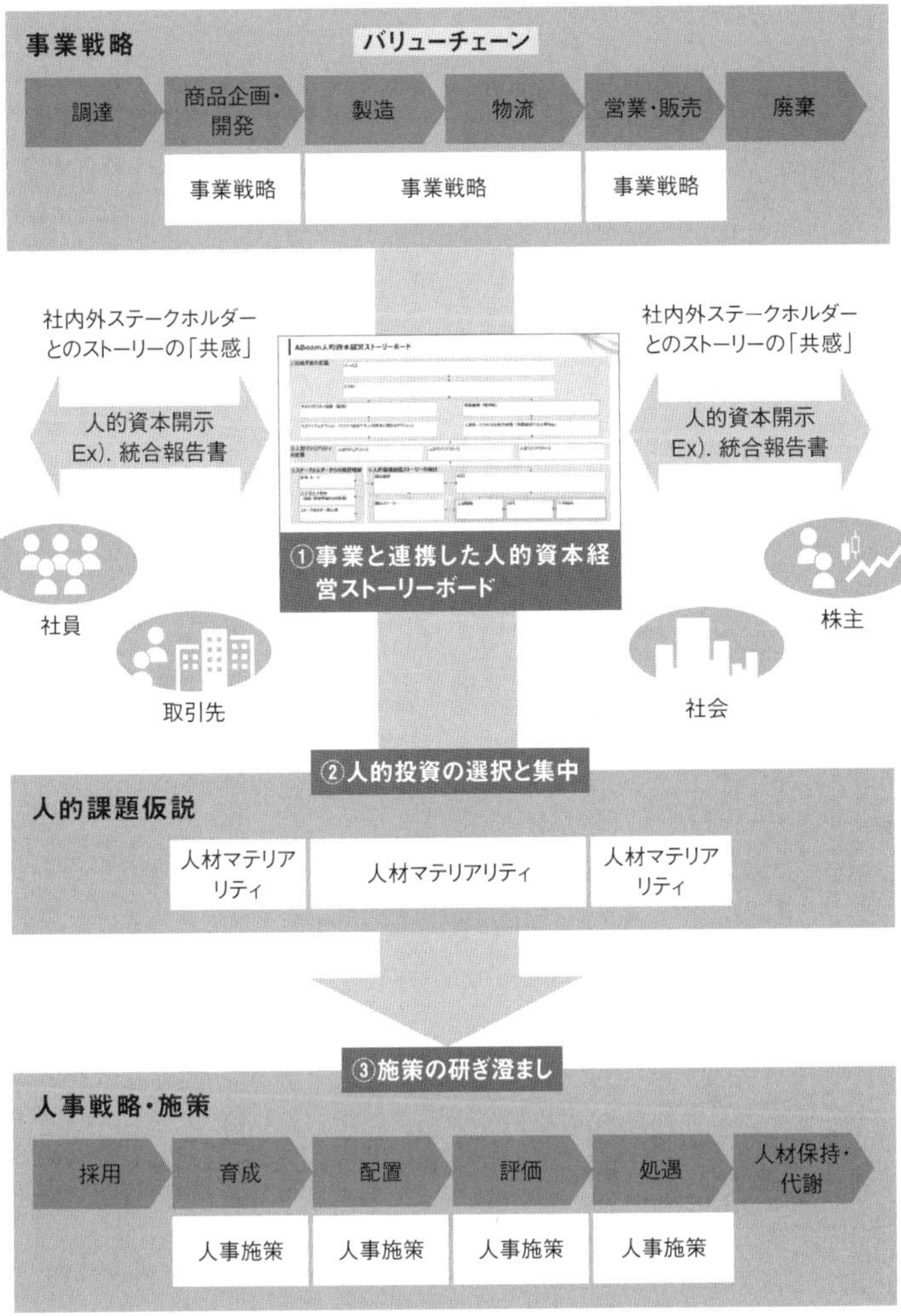

対談

レゾナック・ホールディングス

レゾナック・ホールディングス　常務執行役員　最高人事責任者（CHRO）**今井のり**氏、
組織・人材開発部　部長　**萩森耕平**氏

聞き手はアビームコンサルティング　執行役員　プリンシパル　戦略ビジネスユニット　久保田勇輝とダイレクター　戦略ビジネスユニット　淺見伸之

淺見　旧・昭和電工と旧・日立化成の統合を機に、人的資本を大きくフィーチャーして取り組まれています。まずその背景から聞かせてください。

今井　統合における旧・昭和電工側のリーダーが現在、当社の社長兼CEOを務める高橋

（秀仁）で、旧・日立化成側のリーダーが私でした。1年間かけて議論を重ねる中で、つまるところ「戦略の究極は人材である」という点で、髙橋も私も考えが一致していました。

髙橋がなぜそこに行き当たったかというと、原点にはGE時代の経験があるようです。ポートフォリオや戦略論が素晴らしい会社だろうと思ってGEに入ったら、実は人材戦略が素晴らしい会社だった。これが、価値の源泉は人材にあると考えるに至った原体験となったそうです。

一方の私も、旧・日立化成の経営企画部時代から同じことを感じていました。私たちは機能性材料メーカーを目指しています。例えば、耐熱性が高く接着性の高いフィルムといった、お客様のニーズに合った機能を生み出す製品を提供する。となれば、トップダウンで動いていたら間に合わない。営業、開発、製造、品質保証などお客様のすぐ近くにいる一人ひとりが、いかに機動的に動けるかが重要です。

さらに言うと、新しい機能性材料をつくるには、いろいろな技術を組み合わせてイノベーションを起こす必要がある。そうなると、それこそ前線の人たちが多様につながり合わなければならない。だからこそ、私たちが取るべきは人材戦略であるとずっと考えていたのです。

レゾナック・ホールディングス 常務執行役員 最高人事責任者（CHRO） 今井のり氏

2人とも違うアプローチながら、「人材こそが戦略である」という究極のところは一致していたので、それを実現するために二人三脚で突き進んできました。

淺見 CEOとCHROが強力なタッグを組んだわけですが、全社的な機運を高めていくために何か工夫した点はありますか。

今井 違う文化を持った会社同士が統合したのですから、まずは経営をワンチームでできる状態に持っていかなければなりません。そこで最初に、経営体制の一層の強化を図りました。CFO（最高財

アビームコンサルティング ダイレクター 戦略ビジネスユニット 淺見伸之

務責任者）、ＣＳＯ（最高戦略責任者）は外部から採用し、事業の責任者は生え抜きのメンバーが担うという、多様性のある経営チームを組成し、合宿などを通して一体感の構築を進めました。特に重要なのは、役割分担と権限移譲です。ＣＥＯがどんなに人事戦略に深く関わりたいと思っても、事業構造改革などに時間を取られたら難しいので、他の役員がそれを担える体制を整えました。

従業員との対話集会である「タウンホールミーティング」も、髙橋が社長に就任する前から始めました。私が一緒に回って感じたことや、従業員からのフィードバックから見えてきた課題をクリアする施策を考え、HRチームのみなさんに取り組んでもらうという、走りながら軌道修正するサイクルをすごい速さで回したのがよかったと思います。

2021年1月にパーパス・バリューを策定し展開しましたが、その時には全役員に各拠点を一斉に回ってもらい、なぜこのパーパス・バリューなのか、どうつくったのか、その意味は何か、私たちの目指すところは何かを話してもらいました。その直後の2月にパルスサーベイを実施し、パーパス・バリューの共感や実践度の結果を見て、施策を変えています。初めから今のような進め方を考えていたわけではなく、試行錯誤し、機敏かつ柔軟に対応してきた結果、パーパス・バリューの実践度は当初の2、3割から、23年8月には5割を超えるまでに上昇しています。

久保田　役員陣の反発はありませんでしたか。同じ課題感を共有していないと、あまりそこに重点的に時間を使ってもらえないと思うのですが。

今井　髙橋が社長になると発表されて、経営体制が決まった時、年末に合宿をしました。その際、髙橋のプレゼンテーションの課題についてもオープンにコメントしつつ、モデル

アビームコンサルティング 執行役員 プリンシパル 戦略ビジネスユニット 久保田勇輝

ケースとして、役員陣の前でタウンホールミーティングを実践してもらったのです。トップが必死にやっている姿を見たら、文句は言えない。だから誰からも反発はありませんでした。大事なのは走りながら軌道修正するサイクルを高速で回すのと、トップ自ら前面に立ち、自らをさらしながらやるということだと思います。

浅見　CHROとして組織を率いていく中で、チーム強化の観点で特に意識したところは。

今井　メンバーはそれぞれ統合前に所属

していた会社が異なり、当然目指す姿も違っていましたからね。レゾナックという新しい会社になって、その方向性に納得している人もいれば、そうでない人もいました。誰がどうしていきたいのか、得意なことは何かを踏まえ、状況に応じてチーム編成を変えていきました。

あるコンサルティング会社の担当者からは「今井さんのチーム編成の仕方は、時間をかけてじっくりの農耕型ではなく、事態に臨機応変に対応する狩猟民族型」と言われました。だからみなさん、本当に大変だったと思います。

浅見　今後さらにジャンプアップしていきたいことはありますか。

今井　基盤はだいぶできてきたので、次はグローバルでしょうか。ただし、当社はいわゆるグローバル企業ではありません。とりわけ機能性化学の場合、価値の源泉はR&Dにあって、そのほとんどは日本で手がけられています。一方で顧客も製造もグローバル展開で、と考えた時にどういうグローバルマネジメントが適切なのかというのが、次の大きなジャンプかなと考えています。

久保田　グローバルというキーワード自体の捉え方が日本企業では一義的で、グローバル一体系でないといけないと考える人が少なくありませんが、他社を全部真似する必要もありませんよね。その中で、今井さんの考えるグローバルでの人材マネジメントとはどんなものですか。

今井　事業起点で、事業戦略を最も効率良く最適に達成するために必要なものは何かという時に、その採用が台湾、米国なのであればそこでやればいい、といったイメージですね。それが結果的に日本だけではなくなっているという事実をベースに、その事業に合わせたマネジメントをしていきましょうということです。

久保田　その場合、より密接に事業側のニーズを聞く必要がある。そのための人事のフォーメーションをどう考えていますか。

今井　萩森さんたちＣｏＥ（センターオブエクセレンス）と人事ビジネスパートナー（ＢＰ）のバランスが重要になると思います。今はアジャイル型を志向し、ＣｏＥをできるだけ小

レゾナック・ホールディングス 組織・人材開発部 部長 萩森耕平氏

さくして、BP側に機動力を持たせる体制にしています。

萩森 一筋縄ではいかない作業です。定期的にコミュニケーションを取っていますが、さまざまな課題に対し一律で対応するのは難しいので、その都度アジャイルに「これはこの形でやろう」といった判断をしながら、一つひとつ試行錯誤して解決しています。

今井 健全な対立関係がないと駄目なんですよね。

萩森 コミュニケーションの過程で、意見の食い違いなどはどうしても生じます。しかし、それがないといい結果につながりません。やり合いながらも、同じ方向を向くことが必要でしょう。

今井　みんなに建設的な意見を出させて、ぶつかり合いながらも気まずくならない。ファシリテートする能力のあるリーダーの存在が重要ですね。

淺見　BP自身が、例えば事業部長と経営レベルで踏み込んだ会話ができる環境になりましたか。

今井　まだばらつきがあります。ただ、この2年間で人事のポジションが上がったのは、人事BPの努力によるところが大きいでしょう。経営層から人事BPに直接連絡がいったり、事業部の主要な会議への参加が一般化したりしています。

社内の風通しも一段と良くなったと感じています。例えば髙橋と私とで、タウンホールミーティングや部課長や若手・リーダー候補とのラウンドテーブルを続けていますが、22年はほとんどの事業所で「アウェー感」を覚えました。ただ、2回目になる23年は「ホーム感」が出てきて、雰囲気が温かいと感じます。私たちの本気が徐々に伝わっているのかなと感じます。

まずはここまでこれたのは、髙橋と私のビジョンや思いが、さまざまなチームメンバーの力を借りてきちんと制度化され、仕組み化され、ＩＴ化されていったことが大きい。曖昧な部分が明確になり、ギャップなく進んできたのがよかったのだと思います。

久保田　誰も何が正解かは分からないけれど、やってみてうまくいけばそれが正解だ、といった進め方にみなさん順応してきているように感じます。

萩森　私はずっと人事に携わってきたので、人的資本経営に関して、いい流れだが来たなと思っています。これまで経営と人事をどうつなぐかを問われてきましたが、そうした議論が産業界全体で語られるようになったのは素直にうれしいと思います。「ようやく俺たちの時代が来た」という気持ちです（笑）。この流れを人事みんなで推進していきたいですね。

今井　無形資産をどう戦略にひもづけていくのかを説明できなければなりません。無形資

産は数字ではないからこそ、これをゴールと施策を結びつけて言語化し、「見える化」して、進捗を同じフォーマットを見ながら話せる、というのが経営としてはとても大事です。その点、「人的資本経営ストーリーボード」は役立つツールで、コミュニケーションの活性化にもつながっていると思います。

今井のり（いまい・のり）**氏**

1995年慶応義塾大学理工学部卒。1995年4月、日立化成工業に入社。2006年10月に日立化成アメリカに出向。13年8月に帰国し、経営戦略本部 事業開発部長、エネルギー事業本部 事業統括などを経て、19年4月に執行役 モビリティ事業本部 副本部長に就任。執行役 経営企画部長を経て、20年11月に昭和電工マテリアルズ 取締役 執行役員 兼 CSO 兼 昭和電工 グループCHRO設置準備室長、22年1月に昭和電工 執行役員 最高人事責任者（CHRO）に就任。23年1月から、レゾナック・ホールディングス 執行役員 最高人事責任者（CHRO）

萩森耕平（はぎのもり・こうへい）**氏**

日系電機メーカー、米系コンサルティングファーム、欧系コングロマリット、日系製薬企業などを経て、2021年に昭和電工マテリアルズ（現レゾナック）のライフサイエンス事業本部にHRビジネスパートナーとして入社。2023年1月よりレゾナック・ホールディングスの組織・人材開発部長として、タレントマネジメント、教育・研修、要員管理、人事諸制度のグローバル展開、人的資本経営などの機能を担う。

第3章

努力目標で終わらせない
経営のコミットメント

HUMAN
CAPITAL IMPACT

数値目標の魔法　成功達成に必要な要素

私たちは子供の頃から目標に対して何らかの数値目標を設定して、目標達成に向けて挑戦してきた多くの経験をしている。

例えば水泳教室に通っている子供であれば、まずは最低限泳ぎたい距離を目標と定めて練習をする。その距離を泳げるようになったら、泳ぎ切るまでのタイムに目標を切り替え、泳力を磨いていくことになる。また、学校で定期的に行われるテストにおいても目標となる得点を決めて勉強していたかと思う。

スポーツや勉強以外にも、今思えばゲームの世界にも数値目標が設定されていた。最近のゲームは違うのかもしれないが、私が小学生の頃に流行っていたRPG(ロールプレイングゲーム)では、ボスを倒すために目安となるレベルがあった。そのため、ストーリー展開がない中でも経験値を積み、レベルを上げるためだけにモンスターを倒し続けるという単調な作業を繰り返すことができた。

ゲームをやらない人でも、例えばダイエットをしたことがある人であれば、共感していただけるのではないか。漫然とした目標を持つのではなく、具体的な数値目標を設定したほうが具体的な行動につなげることができ、かつ継続できることを実体験として理解しているはずだ。

数値目標を設定する重要性と注意点について整理すると以下のようになる。

①目標達成に向けた行動の具体化

既に見たように数値目標を設定することで目標が明確になるため、実現に向けた計画をより具体化し、達成可能性を高めることができる。定量的な完了基準が設定できれば、現状との乖離を定量的に把握でき、乖離を埋めるための具体的な行動も見えてくる。例えば「3カ月で5キログラム体重を減らす」という最終目標を設定すれば、毎日公園の周りをランニングする、といった行動の具体化につながる。

②目標達成に向けたモチベーションの維持

数値目標があることで目標に向けた行動の進捗を定量的に把握でき、モチベーションを維持することが可能となる。目標に向かってただ闇雲に努力をし続けることは難しいが、ゴールが明確であり進捗状況を定量的に把握できれば、目標到達のイメージをより強く持つことができ、努力を続けることができる。

さらに最終目標だけでなく、目標達成に向けた行動に対しても数値目標を設定すれば、達成までかなりの時間がかかりそうな状況でも小さな達成感を得続けられるため、モチベーションの継続に寄与する。

先ほどのダイエットの例であれば、日々の目標として公園を3周ランニングするというように行動目標を策定する。その結果、体重がなかなか減らなくても、毎日公園の周りを3周ランニングするという小さな目標を達成することによって日々充実感を得られるため、モチベーションを維持できる。

③目標達成に向けた行動の評価

現状を定期的に記録し、時系列の推移を可視化することによって、目標達成に向けた行動を評価することが可能となる。最終目標地点と現状の乖離が当初の計画通りに狭まっているのであれば、今の行動は正しいと考えていい。一方で、当初の計画通りになっていない場合は計画の見直しを含めて再度検討が必要となる。

その際にまず考えるべきことは、「そもそも目標達成に向けての行動が計画通りに実施されているか？」の確認である。先ほどのダイエットの例であれば、「毎日ランニングを欠かさず継続できているか？」「3周ではなく2周で終わっている日があるのではないか？」といった具合に。

計画通り行動しているのに効果があまり上がっていないのであれば、現在の行動を見直す。例えば3周から5周にランニング量を増やしたり、新たに目標達成に向けた行動を検討する。例えば日々の食事を記録し、カロリーオーバーにならないように気をつけたりする、といった改善につなげることができるだろう。

④成果の可視化と評価

最終目標は定性的なものではなく、定量的なものでなければならない。そうすることで成果が人の判断によって変わるものではなくなり、目標を達成できたかできていないかの判断が明確となる。達成できなかった場合でも、目標との乖離から原因をより具体的に検討することができ、次の行動に向けて戦略を練り直すことが可能となる。

⑤数値の妥当性と背景の理解

最後に注意点であるが、ただ闇雲に数値目標が設定されればいい、というものではないということである。最終目標やそれに向けた行動の数値目標が現実離れした場合、当然ながら達成する可能性は低くなり、やがて目標達成に向けたモチベーションを維持することができなくなる。また、各目標数値の裏側にある背景や意図について十分理解し、腹落ちできていないと、数値が非現実的な場合と同様、目標達成に向けたモチベーションを維持することができない。

自身で数値目標を設定するときにはそのようなことは起きにくいが、例えば会社における目標管理制度を思い浮かべてほしい。数値目標だけが社員に設定され、その背景にある事業戦略や組織戦略に対する説明が、会社からなされなかったとしたら社員はどう感じるだろうか。数値目標は「組織として達成すべき目標を実現するための指標」から、「こなすべきノルマ」になってしまう。達成に向けた努力も、達成感を伴う挑戦ではなくノルマをこなすための負荷になってしまうのではないだろうか。結果として従業員エンゲージメントの低下など、別の課題を引き起こしてしまうリスクもはらんでいる。

数値目標の設定に当たっては、ありたい姿を具体的かつ現実的にイメージし明文化を行い、その状態を数値として表現したものとすることが、押さえるべきポイントとなる。

また、数値目標を持つことは責任を持たせる狙いもある。だからこそ、目標は「できたらいいな」といった曖昧なものであってはならない。やり切るためにも、数値目標においてはそれぞれの注意点をしっかり意識することが必要不可欠となる。

人材マテリアリティから設定する数値目標

数値目標は目標達成のために必要不可欠なものであり、私たちにとってなじみ深いものである。しかし、人事の領域においては、これまで数値目標が設定されてこなかったといっても過言ではないだろう。

人事部は会社の全体方針や事業部からの要請、世の中の潮流を受けて、実にさまざまな施策を考え、実行を推進してきている。しかしこれまで、目標や効果を定量的な数値によって設定し、その達成度を計測してきただろうか。人事が行う施策は人に対する投資であり、それは数値では推し量れるものではないと諦めていないだろうか。多くの企業が、DX人材を育成するために従業員全体に教育コンテンツを提供している。しかし、その研修が実際の業務にどれだけ効果をもたらしているかを評価している企業は、果たしてどれくらいいだろうか。

せっかく人材マテリアリティ（重要課題）を明確に定義しても、数値目標が設定されないままだとゴールや進むべき方向が見えず、道半ばで諦めてしまうことになりかねない。人的資本経営は事業戦略と人事戦略を連動させることであり、人事戦略に基づいた人事施策を着実に遂行し完遂することが求められる。それではどのように目標設定を行い、人事施策を遂行していけばいいのだろうか。具体的なプロセスについて説明していく。

まず、事業戦略を達成するための人材マテリアリティが設定された後、課題解決に向けた人材戦略の策定と人事施策の実行が必要となる。とはいえ何を基準として、人材戦略を策定していけばいいのだろうか。

基準が明確になっていない状態で人材戦略を策定してしまうと、ピントのずれた人事施策が策定、実行され、人材マテリアリティが解消されない結果となってしまう。人材戦略の基準とすべきものは、人材マテリアリティが解消された状態を定量的に示した指標であり、これが数値目標となるＫＧＩ（重要目標達成指標）である。

統合報告書では各企業が価値創造のストーリーを説明しており、その中でＫＧＩや人材戦略、人事施策を語ってはいる。しかし多くの場合、それは事業戦略に連動したものではない。そんな状態で設定されているＫＧＩが解消された状態になったとしても、目指す事業戦略が達成できるだろうか、恐らくＫＧＩを達成したとしても事業戦略を達成することはできないだろう。

多くの企業がそんな、あまり意味のないKGIを並べている。どの企業も似たりよったりで、例えば統合報告書に記載されている指標を会社ごとに一覧化し、企業名を伏せた上で「どれが御社のKGIですか?」と尋ねても、正しく言い当てられる企業はとても少ないだろう。

一例を挙げよう。アビームコンサルティングの人的資本経営コンサルティングチームはISO30414、GRIスタンダード対照表などのガイドラインや法的開示が必要な指標に加え、24業種200社を超える企業が統合報告書やホームページで外部に公開している指標までをまとめたKGIライブラリーを保持している。KGIライブラリーとして一覧にまとめてみると、企業独自の価値創造につながる指標は少なく、女性管理職比率や有給休暇取得率、従業員女性比率、月平均所定外労働時間、離職率などを開示している企業が多い事がわかる。これらの指標は前章で述べた通りサステナビリティ目標であるが、本来はパーパスやバリューに照らし合わせ、事業環境や業界、業態が置かれている社会情勢を勘案して定義されるものである。しかし、実情としては深掘りができておらず本来の趣旨から外れてしまった、ただ横並びでの開示となったため、似たような指標が多く定義されてしまっている状態となっている。

これは人事部に問題があるのではなく、これまでの背景を考えると致し方ないことであるといえる。

これまで、人事部の主な役割は従業員を人的資源として管理することであり、人的資源を量的に把握するため指標のタイムリーな把握が経営から求められてきた。例えば従業員数、人件費、離職率などが挙げられる。

そのため人的資本経営という世の潮流を受け、事業と連動したKGIや人事戦略、人事施策を策定するように経営から急に求められても、人事部という組織自体が経営、事業と連動した仕組みを持ってない以上、各社が出しているような〝右へ倣え〟的な指標にならざるを得ない。

それでは、効果を生むKGIはどのように設定すればいいのだろうか。結論から言えば、数値目標の設定における注意点において述べた通り、ありたい姿を具体的にイメージし明文化し、その状態を数値で表現せよということになる。言い換えれば、人材マテリアイティが解消された状態を具体的に明文化することから始めよということだ。

人材マテリアリティは、サステナビリティ目標（長期）から導き出されたサステナブルアクションと、事業戦略（短・中期）から導き出された人材ポートフォリオの実現方向性から2方向で課題を洗い出し、最優先のものを選択するということを前章の中で述べた。

この章では、その人材マテリアリティが解消された姿として、具体的にどのようなKGIを設定すればよいかのアプローチについて説明を行う。まずはサステナブルアクションからくる課題としてどのようなKGIを設定するかであるが、前章にて述べた7つのカテゴリを例にして説明する。

労働力の確保といったカテゴリでの例であれば、地域採用をメインで行っている企業など、労働力の確保が課題になる企業は多い。

こういった課題感については一歩踏み込んで、「どういった企業でありたいか？」を議論すると、課題は一歩踏み込んだものになり、それに合わせてKGIも踏み込んだものになる。例えばやはり、地域採用を継続するべきと考えそのパイを争っていくのであれば、課題は「地域による採用力の抜本的強化とUターン人材への魅力訴求」といったことになる。そうするとKGIとして考えられるのは、「地域採用人数」「都心部からの地元戻り（Uターン）人材採用数」といったより具体的な指標となる。

また、ダイバーシティーとインクルージョンの推進などであれば、当然法令順守の観点で求められているような指標について、不足があればそれをＫＧＩとして定義するというのはもちろんのこと、マテリアリティからくるＫＧＩを設定することを忘れてはならない。その企業にいる人材が画一的になっていて、認知的多様性が失われており、組織の硬直化やアイディアが生まれない組織になっている状態の企業であれば、「画一的人材・組織からの脱却」といったマテリアリティを掲げるだろう。その場合はＫＧＩとして認知的多様性とは何かを定義し、例として新卒・中途比率であったり、他業界からの採用率、経験職種の多様化率などを設定することで、マテリアリティが解決された状態とは？を定量的に把握することができるのである。

ＫＧＩを定義した後は、目標値を設定する必要がある。国内および海外の競合他社が開示している指標や業界平均をベンチマークデータとして参考にしながら、自社の現状を加味した上で現実的に達成可能な目標値を設定する。競合他社や業界平均など参考になるデータが取得できない場合には、自社の組織別のデータを参考にし、目標値とする方法も考えられる。

次に事業戦略（短・中期）における人材マテリアリティを解決した姿であるＫＧＩの設定を説明する。これは、事業戦略において必要となる将来の人材ポートフォリオをどうやって充足するのかがほぼすべての論点となる。ＫＧＩとしては「事業が求める人材の充足率」となることが多いが、重要なのは全包囲網的な人材の充足状況を把握するための指標とはしないことだ。事業戦略を成立させるために必要な最優先で充足する人材を経営、事業部門と討議し、特定することである。当然、労働市場の状況や自社の状況を考慮すると「絵に描いた餅」になりすぎていて、描いた人材ポートフォリオは達成不可能なものであるとなった場合、事業戦略を変更せざるを得ないということすらある。つまり、それほど事業戦略を成立するための人材充足というのは困難な道を歩まないと達成できないということもあり、こういった議論や現状の可視化を行うことが重要だといえる。

そのため、人材マテリアリティを定義する過程で人材ポートフォリオを作成し、現在の人材の状態を可視化したいというような要望が、さまざまなクライアントから寄せられる。その際にも全網羅的に人材像を定義し、人材の状態を可視化したいという要望を受けるが、それはおすすめしていない。なぜなら、そのような全網羅的な活動をやっている間に、事業は刻々と変化し、その事業のニーズに応える人材ポートフォリオも変わっていってしまう。つまり「ＴｏＢｅが逃げていく」のだ。

人材版伊藤レポートでも語られている「動的人材ポートフォリオ」があるが、我々はこれを以下のように定義し、この問題の解決策としている。

1．事業戦略の実現における優先テーマに絞り込む
2．絞り込んだ中で必要となる人材・職種を明確にする
3．その人材の量的・質的（スキルや生産性など）の充足を可視化する

といったポートフォリオをアジャイルに作り、事業と連動して可視化・充足のための調達戦略の策定を繰り返すというやり方だ。

この活動の中でどのような人材をいつ、どのくらい必要とするのかの目標値を設定し、それを事業が求める人材の充足率というＫＧＩの設定に変えていく。

それが事業戦略（短・中期）における人材マテリアリティを解決した姿であるＫＧＩの設定の方法である。

人材充足に必要な動的人材ポートフォリオの作成方法

それでは、人材ポートフォリオの作り方について説明する。

先ほど事業戦略（短・中期）における人材マテリアリティに対するKGIで、量的・質的の充足を見る必要があると述べた。それはどういうことか。例えば、事業戦略の遂行にDX人材が必要であると言っている企業があったとする。人事部が事業部と会話してDX人材の育成人数、採用人数をKGIとして掲げた、そして数字としては目標を達成したとする。しかしながら、必要な人材は集まらなかったがゆえに、事業戦略の遂行は目標通りいかないといったことがあったとする。

それはなぜか。本来DX人材というのは非常にあいまいな概念であり、事業戦略とは直接結びつく人材の定義とは言いにくいから起こったことである。つまり、事業戦略と結びつくことを考えた場合は、事業におけるバリューチェーンのどこを強化するためのDX人材なのか、例としてサービス開発において必要なDX人材であればビジネスアーキテクトを設計できるケイパビリティを持った人材が必要となり、もし、サービスを運用するためのシステムの開発、維持、拡張を強化するために必要なDX人材であれば、プログラム開発やシステムのアーキテクトを設計できるなどのケイパビリティを持った人材が必要となる。つまりDX人材といっても多岐にわたる定義を必要としており、DX人材としてくくられた人材を量的に充足したところで事業戦略実現に寄与するとは限らないのである。

そのため、例えば事業が求める人材の解像度を上げて人材を定義し、その人材が業務を遂行するために必要とされるスキルを特定し、スキルの保有状況を加味して質の観点からの充足状況をとらまえる必要がある。それを可視化するために、人材ポートフォリオを作成する事になる。

それでは具体的にどのように人材ポートフォリオを作成していけばいいかを事例を交えて説明する。

1つ目の事例がリスキル、リソースシフトを実現していくための人材ポートフォリオとなる。機械学習やAI（人工知能）などのデジタル化が世界各地で進み、スキルギャップや人材不足の問題を抱えている企業が多い。しかし、そういった高度なスキルを保有した人材はそもそも労働市場に多くはいない。デジタル化の波は全産業に及んでいるため、これらの人材の獲得競争は大変厳しいものであり、多くの企業は労働市場からなかなか必要な人材を獲得することができない状況がある。

そのため社内リソースに対してリスキル、リソースシフトを行って事業が求める人材供給を実現する必要が出てくる。スキルベースでの人材ポートフォリオを作成することになるが、事業からの要望に対して、社内の人材ではその要望そのままの人材は、ほとんどいないという問題が発生する。

そのため欲しい人材そのものの人材定義をするだけでなく、育成投資、経験機会の提供を行えばその人材になりえる〝ポテンシャル人材〟の定義をし、リスキル、リソースシフトの可能性を探るポートフォリオを作る。

以下がリスキル、リソースシフトを目的とした人材ポートフォリオのイメージ図である。

4

GAP可視化とリスキル・リソースシフト候補の把握

必要な要員数と現在戦力を把握した上で、**ポテンシャル要員も含めたリソースシフト・リスキルの可能性**を可視化

組織					
XX事業部(需要側)			YY事業部(供給側)		…
XX部	XX部	XX部	XX部	XX部	…
3000	1500	500	7000	1200	…
50 (-20)	20 (-20)	10 (-10)	0 (–)	0 (–)	…
300 (-100)	400 (-50)	100 (-50)	50 (–)	100	…
200	300	30	1000	10	…
200 (-30)	50 (-20)	40 (-10)	0 (–)	0 (–)	…
1000 (-300)	400 (-100)	200 (-50)	30 (–)	50 (–)	…
300	100	20	3000	400	…
…	…	…	…	…	…

リスキル、アップスキルを検討する

リソースシフトを検討する

リスキル、リソースシフトを検討する

リスキル、リソースシフトのための人材ポートフォリオの作成イメージ

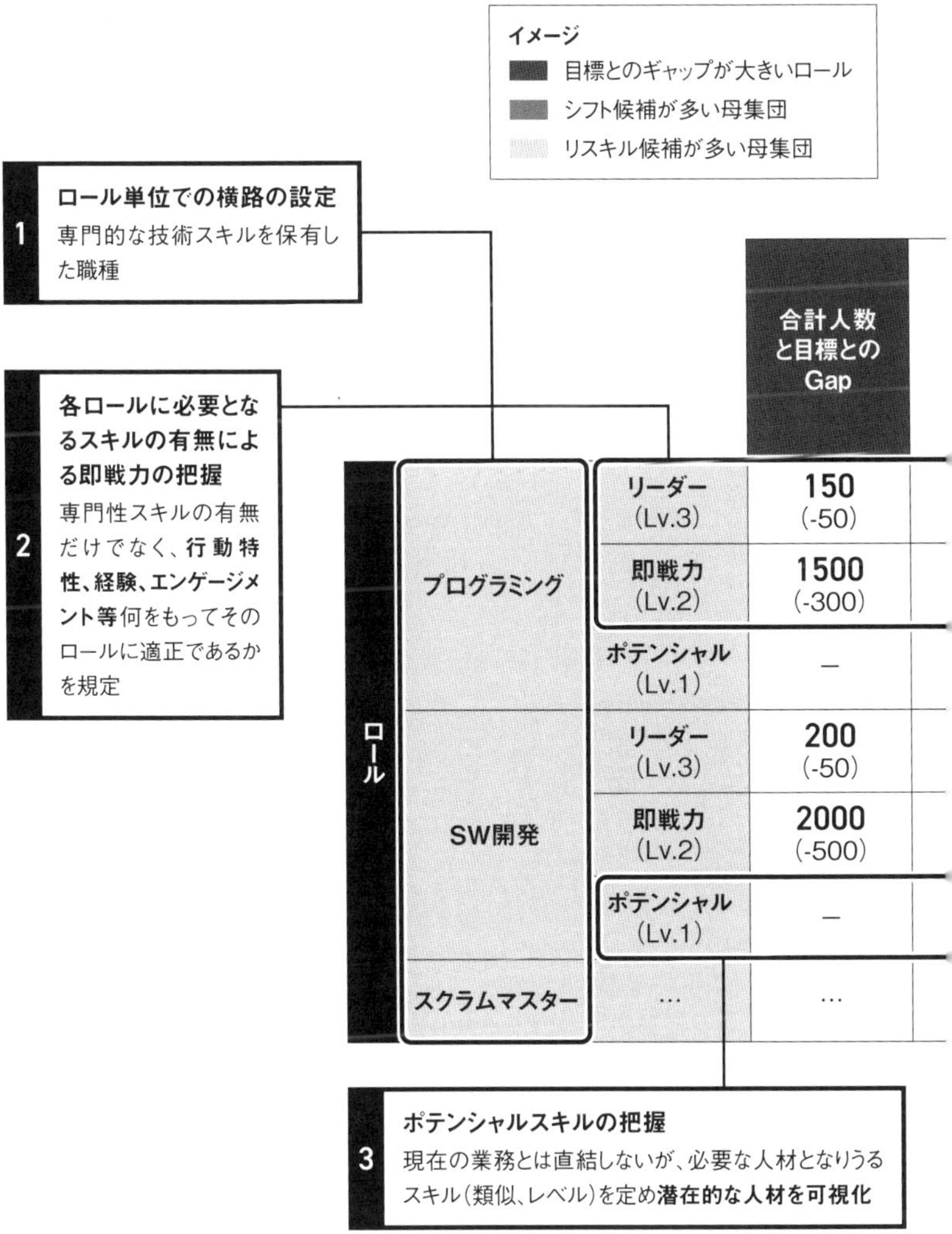

人材ポートフォリオ作成におけるポイント：ロールとスキルの紐付けイメージ

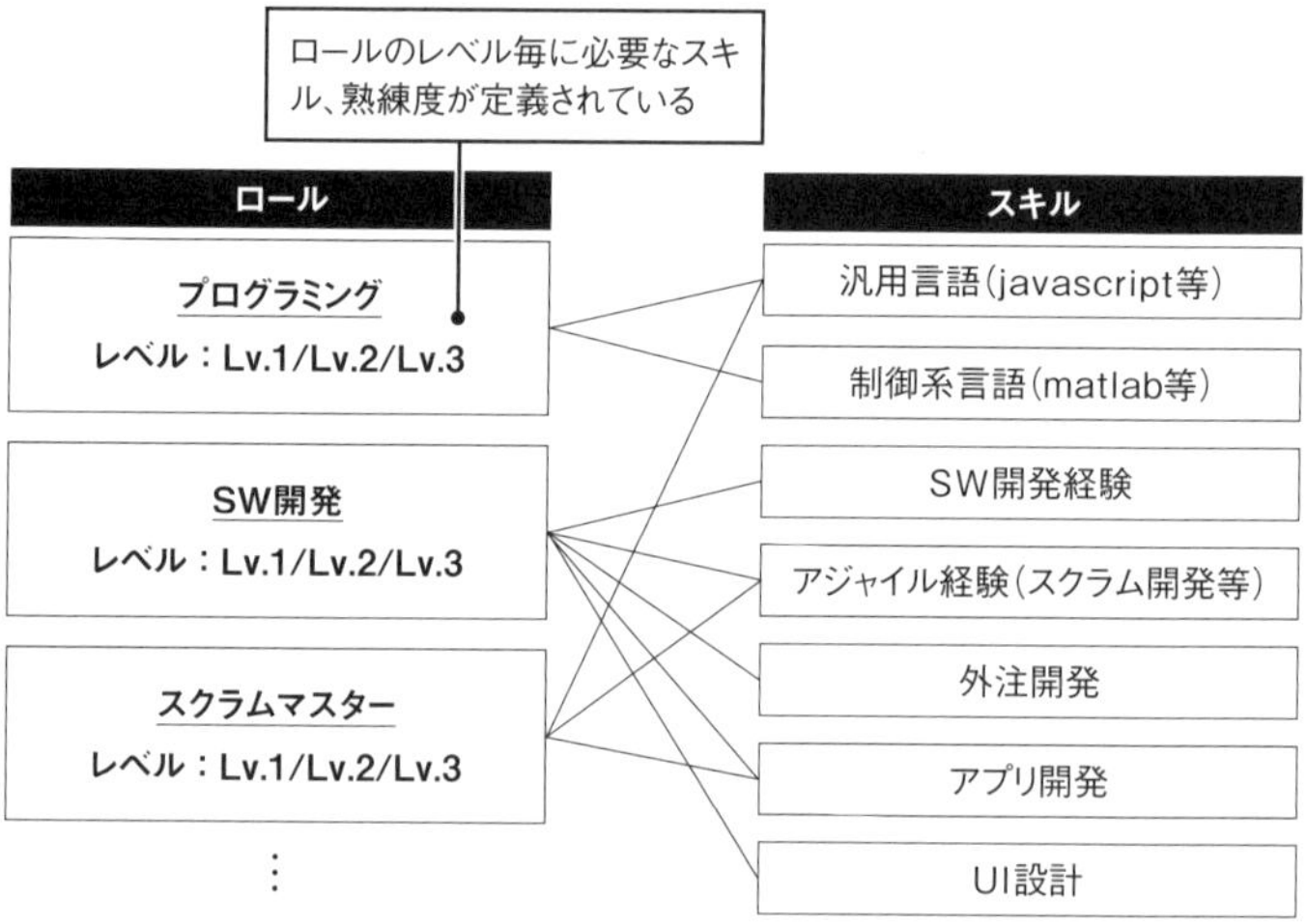

縦軸にはロールという概念を定義する。それは事業戦略を遂行する上で強化したいポイントを明確にし、その強化に必須となるような職種を定義する。これは人事部としてだけでなく、事業側との議論の上で定義する。

そしてそのロールには、リーダー（マネジメントが可能なレベル）、即戦力（該当の業務を問題なく遂行できるレベル）、ポテンシャル（該当の業務を遂行できるレベルにないが、その可能性があるレベル）に分類する。各ロール、レベルでは、どのようなスキルを必要とするかを定義する。

これにより事業戦略実現に必要な人

材の質的定義を可能にする。横軸は、大きくその人材が必要となる部門（需要側部門）とそういった人材を業務上必要としていない別部門（供給側部門）に分かれる。

この可視化を行うことにより、以下のような判断・アクションが可能になる。

1．需要側部門にリーダー・即戦力人材が足りないがポテンシャル人材が多い場合

この場合は部門内でのアップスキル検討により、ポテンシャル人材を抜本的に育成するような施策を実施し即戦力への計画的育成が必要となる。また、即戦力人材のリーダーへのアップスキル検討も同様に必要となる

2．供給側部門にリーダー・即戦力人材が一定数見られる場合

この場合は、供給側部門からのリソースシフトの検討を行う。ただし、本人のキャリアに対する考え方やエンゲージメントの状態にも起因するので、あくまで母集団としてとらえ、慎重に本人希望や異動メリットの訴求が必要となる。

3．供給側部門にポテンシャル人材が一定数見られる場合

この場合はリスキルとリソースシフトの段階的検討が必要となる。
本人希望や異動メリットの訴求はもちろんのこと、当該エリアに対する学習機会の提供

や専門育成プログラムの提供、供給側部門における事業ポートフォリオ変革における人材流動の必要性の理解とインセンティブ設計など多岐にわたる検討を含めて実施する必要がある。

このように人材ポートフォリオをポテンシャルベースで作成することでリスキル、リソースシフト、そしてアップスキルに対する方向性の検討を行うことができ、より具体的なアクションの設計へと導くことができる。

2つ目の事例がリソースシフト後のパフォーマンス発揮を把握するために人材ポートフォリオを活用したものとなる。事業の立ち上げから成長フェーズに至るタイミングで、別事業よりリソースシフトによって、事業計画に必要となる人員の充足を図ったが事業計画を達成できない状態にいるという課題を抱えているケースがあった。そのため、なぜ人員が充足しているのにも関わらず、事業目標が達成できていないのかを明らかにするための人材ポートフォリオを作成した。

まず仮説的に注目したのは、別事業からリソースシフトした人材含めて、本来求められたパフォーマンスが発揮できていないのではないか、それが量的な充足をしたとしても成果が出せていない原因なのではないかということである。

それでは具体的なアプローチについて説明を行う。まず、事業のバリューチェーンにおいて必要となる職種を洗い出し、その職種に求められるスキルを洗い出した。その後、特定事業に従事する従業員に対して職種毎に必要な必要スキルを記載したワークシートを作成し、各従業員のスキル保有状況およびスキルレベルの評価をパフォーマンス評価などの情報をもとに実施した。

生産性把握のための人材ポートフォリオの作成イメージ

問題なし　要観察　要対応

	事業戦略	企画推進	企画設計	調達管理	品質保証	営業推進	サービスサポート
模範人材	3(1.0)	0	2	2	0	1	2
	21.4%	0.0%	7.4%	6.7%	0.0%	5.9%	9.5%
即戦力	6(1.0)	6	18(1.0)	5	7	3	13
	42.9%	40.0%	66.7%	16.7%	35%	17.6%	61.9%
ポテンシャル人材	2	5	6	7	1	6	1
	14.3%	33.3%	22.2%	23.3%	5.0%	35.3%	4.8%
要てこ入れ人材	3(0.1)	4(1.0)	1	16(0.5)	12(1.3)	7(1.0)	5
	21.4%	26.7%	3.7%	53.3%	60.0%	41.2%	23.8%
合計	14	15	27	30	20	17	21

上行　単位：人※括弧内、(人材派遣)人員の内訳。下行　割合(%)

こちらは従業員のスキル保有状況、スキルレベルの評価結果をもとに質的な観点で人材充足状況を可視化したものである。職種毎にレベルを模範人材、即戦力、ポテンシャル人材、要テコ入れ人材の4レベルに分類を行った。各レベル毎の構成比率を模範人材は2割、即戦力人材は6割、それ以外は2割をベースとして職種毎に微調整を行い、充足状況をヒートマップとして表現した。これにより職種ごとに、どれだけの人材が本来求められているパフォーマンスを上げられていない状況にあるのかが可視化されることとなった。これを用い各部署のリーダーたちと会話し、なぜこのような状況になっているのか、このパフォーマンスが上がっていない状況を正として改善を行わず、人材を欲しいと言っていないか、この状況に対して何かしら手を打っているのか、それに対しての支援は必要としていないのか、などより深い会話を行い、ただ単に人が足りている、足りていないの議論ではなく、本質的な充足のためには、リソースシフト前の部門とカルチャーギャップを解消しなければならないことや、ＯＪＴだけでなく補足的な育成プログラムを外部リソースを使って行うなど生産的なアクションプランの策定へと移っていくことができるのである。

このように、「事業が求める人材の充足率」は量的な観点で達成状況を明確に判断できる指標ではあるが、本当に事業が必要な人材を充足しているかという点と人材充足に向けた効果的な施策を推進していくためには、質的な観点での指標である人材ポートフォリオの活用が不可欠となってくる。こうして「事業が求める人材の充足率」をＫＧＩとして把握し、不足している要素を人材ポートフォリオにて確認するという2つの作業によって初めて、事業戦略につながる人事施策の実行が可能となる。

以上が人材ポートフォリオの具体的な作成方法の説明となるが、当然ながら人材ポートフォリオは一度作って終わりではなく、継続的に現有戦力である人材の質的な状態を可視化し続ける必要がある。そのうえで問題となるのが従業員のスキルの棚卸に莫大な工数がかかるという事である。あるお客様では従業員にアンケート形式で保有スキルを回答してもらい、集計する方法をとっていた。この方法は人事、従業員ともに多大な工数がかかる運用となっていた。また、工数をかけてスキル棚卸を実施した割に集計されたデータの信頼性が低いという課題もあった。継続的に人材ポートフォリオを作成し、その数値に基づいて判断を行うためには効率的にスキルを収集し、人材ポートフォリオを自動的に生成する仕組みを構築することが必要となってくる。

アビームコンサルティングでは、ＣｈａｔＧＰＴなどの生成ＡＩに使われている大規模自然言語処理技術を活用して職務経歴書や業績達成の評価シート、上司との１ｏｎ１、キャリア開発計画や論文などのデータからテキストマイニングによって「その人材がどのようなスキルを、どれくらいの習熟度で持っているのか」をあぶりだして人材ポートフォリオに集約するといった仕組みを持っており、企業の人材ポートフォリオ作成の支援を行っている。

AIによるスキル可視化の効率化イメージ

キャリア面談シート

従業員番号：100001

◆現在の職務内容

●●●●●●●●●●●●●●●●

◆現在の専門性

●●●●●●●●●●●●●●●●

◆今後伸ばしていきたい領域

●●●●●●●●●●●●●●●●

スキル推論結果

従業員番号	スキル	習熟度
10001	フィジカル コンピューティング	即戦力
10201	フィジカル コンピューティング	即戦力
⋮	⋮	⋮
80001	フィジカル コンピューティング	即戦力

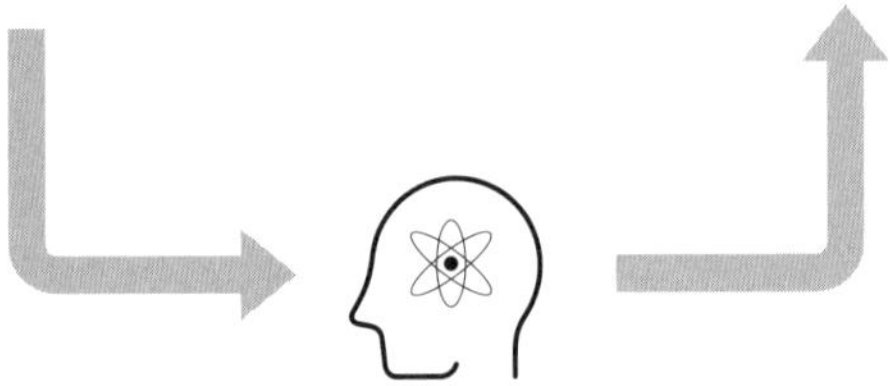

スキル推論モデル

アノテーションテスト

※1スキル・習熟度あたり200程度の教師データ

教師データ	識別	
	スキル	習熟度
IOT施策推進の支援として音声認識技術を活用した（中略）	フィジカルコンピューティング	即戦力
工場の現業担当者向けのウェアラブルデバイスの（中略）	フィジカルコンピューティング	即戦力
⋮	⋮	⋮
XXX製品における人感センサーの技術検証を実施し、（中略）	フィジカルコンピューティング	即戦力

人材マテリアリティ達成のための人材戦略・人事施策

KGIの設定を行った後は、そのKGIを達成するための人材戦略、人事施策の策定を検討する。

ある企業において人材マテリアリティ、KGIを設定した後で現在の人材戦略と人事施策を確認した際に8割以上がそのマテリアリティ達成に関係のない施策しかなかったということがある。つまり、それだけ現在の戦略で語られている経営、事業連携はスローガンにしかなっていないのだ。

また現実的な話をすると、人材マテリアリティを定義したからといって、現在の人事戦略と人事施策を単年で一新するということが難しいという現実がある。

そのため我々はまず、現在の人事施策の棚卸を行い、人材マテリアリティ、KGIと人事施策のマトリックスを作成する。人材マテリアリティ、KGIをベースとして現在の人事施策がマテリアリティに沿っているかを確認し、以下に分類する。

①現在の人事施策を継続する

人材マテリアリティ、ＫＧＩの達成にそのまま寄与するため継続するべきものとして位置付ける。

②現在の人事施策をより効果的なものに改善する

方向性としてはあっているが、対象従業員が全網羅的で投資が分散してしまい効果が薄れてしまう、施策内容をより特化することで最大効果を上げられるため、施策の内容変更が必要。

③現在の人事施策を取りやめる

既に解消された課題などに対する施策や、人材マテリアリティ、ＫＧＩの達成に寄与しない施策であり、一度始めたらやめられていないといったもの。これは勇気をもって施策を取りやめる判断が必要。

④新たな制度、施策を検討する

人材マテリアリティ、ＫＧＩの達成のために現在の人事施策だけだと達成が見込めない場合、新たに達成のための施策を検討する。

これを行うことにより、人事施策は人材マテリアリティ、KGIを達成する方向性へと向き、そこから改めて人材戦略としての全体像、人材マネジメントの方向性を検討することとなる。

当然、人材マテリアリティ、KGIの達成のためだけでなく、人事部として平時に取り組むべきテーマもあるが、重要なのはそのバランスである。上記分類において、まず優先的に実施する施策を決め、そこにリソースを充てることを考えて、余力でそういった平時に取り組むべきテーマにリソースを充てるということを考えないと一向に経営、事業連動は実現されないままとなってしまうのである。

また、こういったKGIを達成するための人事施策を策定したとしても、それが完遂できない、方向性がずれるといったことにならないようにするために、各施策においてもKPI（重要目標の達成度合いを示す指標）の設定が必要となる。例えば、ある特定職種の人材充足をマテリアリティとしており、その人材充足率がKGIだったとする。そのために、当該職種に対する採用競争力を上げるために報酬制度を改定し、エージェントや採用広告などを活用し母集団形成を行い、自社の魅力訴求を採用プロセスに入れるなどを変更して、採用による充足度を測る場合であれば、以下のような施策整理とKPI設定になる。

1.　魅力的な報酬設計

ＫＰＩ例：市場報酬水準と＋－Ｘ％以内の報酬設計のＸＸ年ＸＸ月までの施行

2.　母集団による認知向上施策実施

ＫＰＩ例：母集団形成ＸＸ人、エージェント認知率Ｘ％

3.　採用プロセス変更による辞退率の低減

ＫＰＩ例：採用プロセス後ＦＢにおける魅力向上意見Ｘポイント向上、採用辞退率Ｘ％低減

このようにある種のマテリアリティ、ＫＧＩ達成のストーリーが施策とＫＰＩの設定により完成するような形とし、その達成度を測り、課題があれば改善するという形をとる。

「できたらよい」から「せねばならぬ」へ向かうPDCA

では KGI、KPIを設定後、効率的に達成度を測り、課題があれば効果的に分析をして改善を図るためにどうすればよいかについて説明する。

それは、その状態を可視化して全体で共有、モニタリングを行い改善活動を継続して行うことにある。

まず全体概要について触れる。

人材マテリアリティが定義され、マテリアリティが解消された状態としてKGIが定義される。KGIを達成するために人事施策が実行され、人事施策の進捗を測る指標としてKPIが定義され、KPIの目標値が決定される。

KGIが目標に到達していない場合、実施している施策のKPIを確認することで施策の実施状況を把握する。KPIが目標に達成していない場合は、組織別のKPIなどを参照することで施策の推進が進んでいない組織を特定し、施策のテコ入れを図っていく改善

モニタリング概要

【モニタリング概念図】

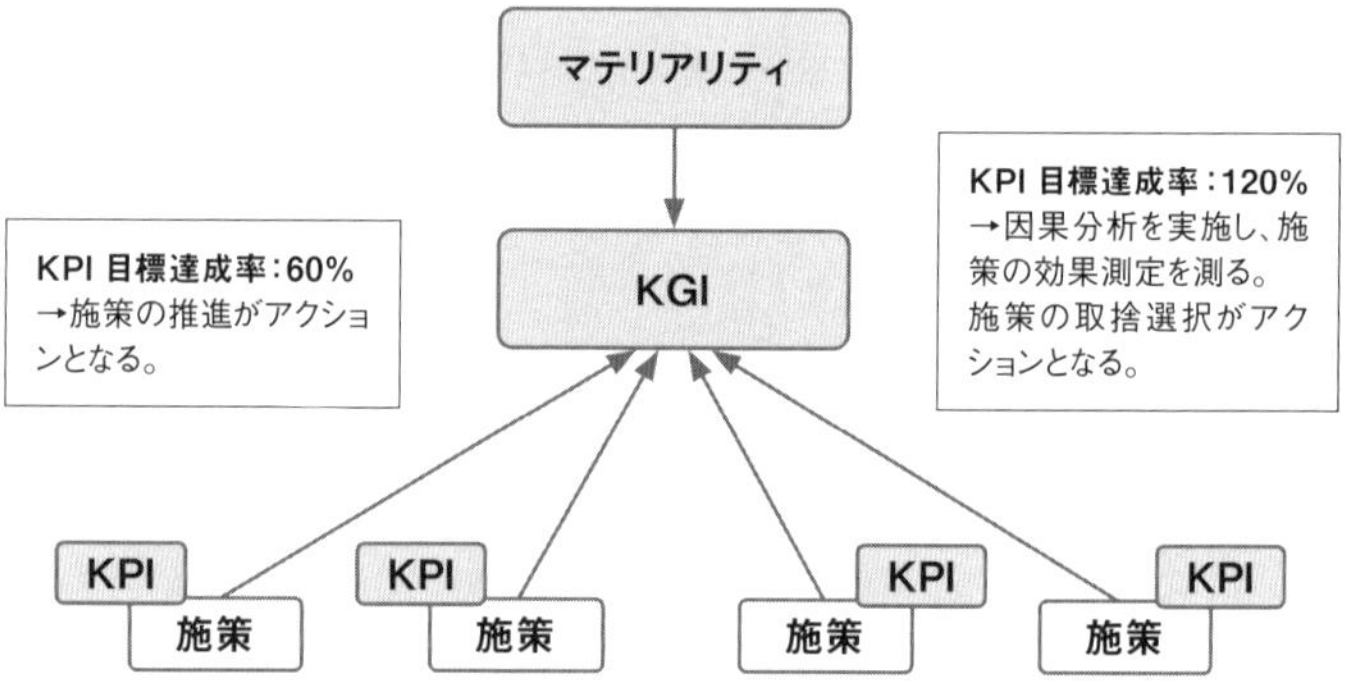

【モニタリングプロセス】

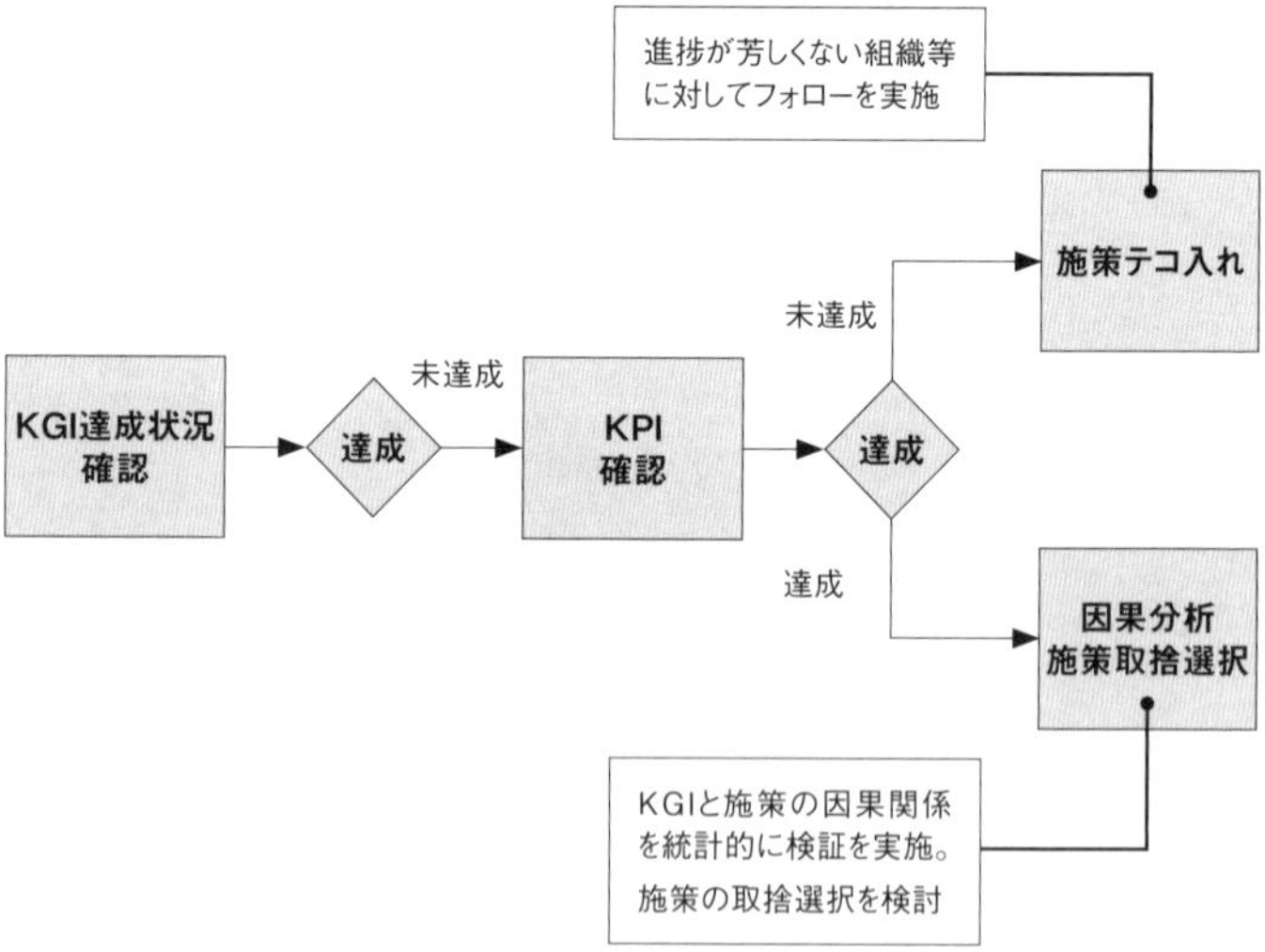

活動につなげる。

上記のモニタリングプロセスが年間を通じて実施されることになる。具体的には四半期ごとにＫＧＩと各施策のＫＰＩの進捗状況を確認し、目標値とのギャップがある場合には原因の考察および施策、投資の追加を含めた対応案を検討する。ＫＧＩ、ＫＰＩの進捗状況およびギャップに対する対応案は経営会議に諮られ、追加投資に関しての決議がなされる。そして年次のタイミングで1年間のＫＧＩと各施策の実績と評価を行い、次年度に向けたＫＧＩの見直しや新たな施策に対する投資判断を決議することになる。

人材マテリアリティ解決に向けたＫＧＩ達成に関する進捗を経営会議、取締役会議で定期的に管理し、改善施策を検討するプロセスを定着させることで、人的資本経営を「できたらよい」から「せねばならぬ」に昇華させることができる。

アビームコンサルティングでは、上記のモニタリングプロセスを支える基盤をアセットとして保有している。ＫＧＩの進捗状況を一覧で表示するダッシュボードに加えて、ＫＰＩを確認する機能を、ＳａａＳとして提供している。また、データを蓄積してＫＧＩに対する各施策の影響度を統計的な観点で数値化することで、人事施策の効果を担当者の主観的

人的資本経営モニタリング基盤：貢献と実行に対する定量目標のモニタリング

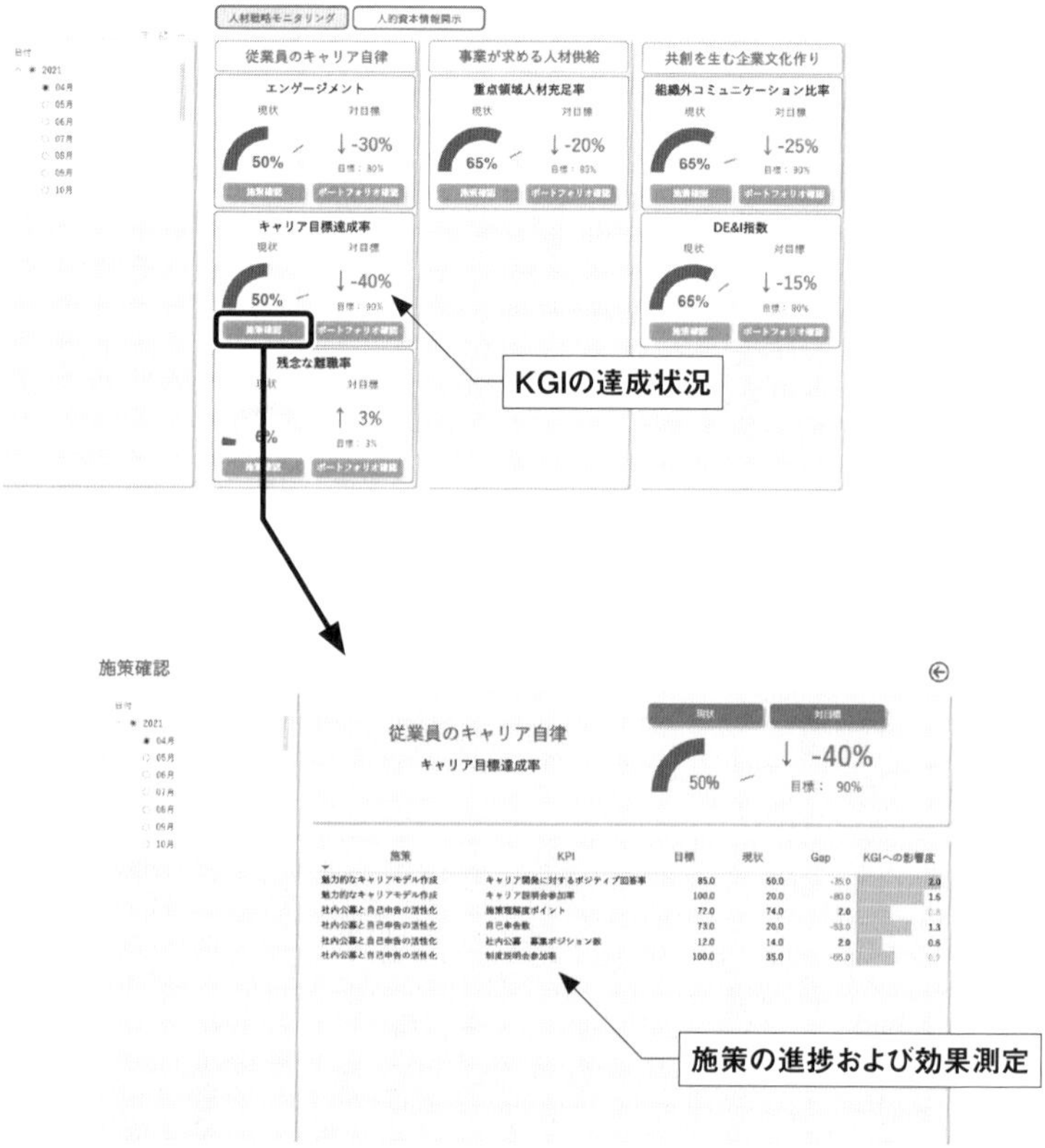

な判断ではなく客観的に判断することを可能としている。

当社が支援しているオリンパスの事例を基に、モニタリングプロセスについて説明する。

オリンパスはステークホルダーとしての社員の健康と安心、心の豊さの実現に向けて「従業員一人ひとりがベストな状態でパフォーマンスを発揮できる健やかな組織文化」を目指している。ありたい姿になるために①出社と在宅勤務を組み合わせた働き方を推奨し、対面とオンラインによるコミュニケーション、双方の利点を組み合わせるハイブリッドな新しい働き方の推進、②出社する目的（実機による検討や、コミュニケーションなど）に応じた、機能や職種ごとに最適なオフィス設備、レイアウトの再編による最適なオフィス環境の構築の施策を行っている。施策を通じて自律したプロがイキイキ働き、高いパフォーマンスを発揮できる職場環境を実現。最終的に組織と個人の生産性や創造性およびエンゲージメントの向上を狙うものである。

当社は2023年1月より、本プロジェクトにおけるKGI、KPI検討、モニタリングプロセスの構築を支援している。働き方に関する人材マテリアイティは①組織サイロ化からの脱却、②イネーブルメントの向上（時代に応じた業務効率化）、③従業員の幸福度の向上の3つを定義し、それぞれに主観的KGIと客観的KGIを定義した。

主観的KGIは組織サイロ化、イネーブルメント、幸福度に関する従業員の考えや気持ちを指標として定義したものである。一方で客観的KGIは「いつ、どこで、どれくらい働くか」「誰と一緒に働くか」「ワクワク・イキイキと働いているか」という観点で従業員が働いた結果の行動データを指標として定義したものである。

KGIを算定するためのデータ取得元について説明すると、主観的KGIは従業員に対するアンケート、客観的KGIは人事システム、勤務システムなど人事関連のシステムだけでなく、従業員がオフィスに入退場する際のログを管理した入退館管理システム、Wi-Fi接続情報をもとにした従業員の位置情報をもとに算定している。また、今後は従業員のネットワーク上のチャットやメールでのコミュニケーション情報やオフィスにおける従業員同士の会話の盛り上がりをデータとして取得し、KGIに組み込む予定となっている。

なお、個人情報保護の観点からオリンパスから提供されるデータからは個人が特定できる情報が削除され、従業員IDに関しても加工を行いアビームコンサルティング人的資本経営モニタリング基盤に提供を行っている。アビームコンサルティング側ではオリンパスの従業員を特定することができないが、受領したさまざまなデータを従業員単位でひもづける仕組みを構築しており、個人情報に配慮しつつデータから示唆を提供している。

次に、モニタリングプロセスについて説明する。KGI、KPIの状況をモニタリングするKGI、KPI推進体制と、健やかな組織文化施策を検討・推進する2つの体制を構築した。

KGI、KPI推進体制はKGIダッシュボード画面でKGIの状況を把握し、KPI確認画面において実施中の施策の進捗であるKPIと施策への影響度を確認することで、テコ入れが必要な施策および改善に効果があると見込まれる施策を把握する。

また推進体制はKGI、KPIそれぞれに対して、従業員の属性毎の傾向が確認できる原因結果分析においてKGI達成の阻害要因および成功要因の仮説設定を行い、プロジェクトメンバーでの議論やさらなるデータ分析によって施策の改善検討、新たな施策の検討を行う役割も担う。

KGI、KPI推進体制で検討した施策案を施策の推進体制側で実行の要否を検討し、必要に応じて施策の遂行を行う運用とした。

こうしてアビームコンサルティングの人的資本経営モニタリング基盤を利用して、次のような内容が可視化された。

①従業員ごとの働き方の可視化

オリンパスは働く場所、働く時間を従業員が自由に選択できるというABW（Activity Based Working）を実現している。在宅と出社のハイブリッドな働き方を推奨しているが、モニタリング基盤導入前までは在宅と出社の割合をデータとして把握できない状態であった。在宅勤務手当に記載されている在宅日数を基に出社日数を類推し、状況把握をしていたが、在宅勤務手当申請に記載されている在宅日数は補助情報であり不正確である可能性がある。また、そもそも在宅勤務手当申請をしていない従業員のデータが取得できないという課題があった。

それがモニタリング基盤導入後は、入退館管理システムからの情報を人的資本経営モニタリング基盤に取り込み、データ加工を行うことで1週間における出社日数の状況を可視化し、組織ごとにハイブリッドな働き方の現状を把握することが可能となった。

これにより従業員を1週間当たりの出社日数の頻度（0日、1日未満、1日以上2日未満、2日以上3日未満、3日以上4日未満、4日以上5日未満、5日以上）ごとにグルーピングすることが可能となった。この分類を活用することで働き方によるKGIの差異や施策の効果の差異などを分析することも可能となった。

②施策の効果確認とKGI達成要因の仮説設定

モニタリング基盤導入後は、KGIに対する施策の効果の確認と、達成要因についての仮説設定も容易になった。

例えば「イネーブルメントの向上」の主観的KGIの1つとして「生産性を高める働き方指数」がある。当該KGIを向上するための施策としては、①働く時間や場所を従業員が自由に選択できるABWやフレックス制度、②会議を効率的、適正に運営するように意識改革を行う施策、③オフィスネットワークの改善、④ITインフラの整備、⑤間接業務支援を行うコンシェルジュサービスが推進されている。

これらについて人的資本経営モニタリング基盤のKPI確認画面で確認したところ、データ蓄積が十分でないため統計的な有意性は現時点ではないものの、ABWやフレックス制度施策の効果が見込まれることが分かった。組織別にKPIを確認したところ、一部の組織でKPIが低くなっているため、当該組織に対する施策の推進を行うことでKGIへのさらなる効果が上がることが想定されている。

ITインフラ整備に対するKPIは全体的に低くなっているが、現在まさにITインフラ整備に対する改善施策を実施中であるため、これについても今後、KGIが改善されていくことが予想される。

また「組織サイロ化からの脱却」の主観的KGIの1つとして、「脱サイロ指数」がある。組織サイロに関するKGIについては、当初はオフィスへの出社が多い従業員ほど従業員同士のコミュニケーションが多く、組織サイロを感じる割合は少ないと想定していた。

しかし、人的資本経営モニタリング基盤の原因分析結果確認画面で出社状況ごとのKGIを確認してみると、当初の想定とは反対に、在宅勤務の割合が高い従業員ほど組織サイロを感じる割合が少ない結果となっていた。

本章では割愛するが、組織サイロを感じている従業員の課題の真因に関しては既に仮説設定をしており、今後従業員の行動データを蓄積、分析することによってその仮説検証を行い、解決に向けた施策の改善、新たな施策の提案をしていくことになる。

なお、上記に記載した内容はモニタリングプロセスで得られた示唆の一部である。従業員の働き方に関して、データによる現状の可視化とデータドリブンな施策の検討につながる本プロジェクトの成果は、経営執行会議の議題に取り上げられ、改善施策の提案がなされる予定となっている。

ＫＧＩ・ＫＰＩ管理の重要性

今まで人的資本経営におけるＫＧＩ・ＫＰＩ管理の重要性について述べてきたが、「まだ自社では人材マテリアリティすら決まっておらず、ＫＧＩ・ＫＰＩ管理は人材マテリアリティの検討が終わってから考えよう。ＫＧＩ・ＫＰＩ管理は先の話だな」と思われている方もいらっしゃるかもしれない。そこで最後にＫＧＩ・ＫＰＩ管理の重要性について少し身近な例をもとに説明を行う。各企業は従業員のキャリア開発や能力開発の施策を推進するために、タレントマネジメントシステムを導入している。しかし、多額の投資をしてタレントマネジメントシステムを導入していながら、３年間でシステムを置き換える会社が増えている。

その主な理由は従業員、事業部門、経営の各所から出てくる不満によるものである。従業員からは「タレントマネジメントシステムのＵＩが使いにくい」「入力項目が多い」「入力負荷がかかりすぎる」など、主に使い勝手に関する不満が人事部に寄せられる。

事業側からは、自分たちがやりたいことがシステムにダイレクトに反映されていないため、自分たちがやりたいことを独自のシステムで運用してしまっているということが起きている。また、経営からは毎年多額の費用がかかっているが、効果が見えないという不満が人事部に寄せられる。

結果として、人事部は各所からの不満に対して対応しながら、入力のＱＡ対応やマスタ整備、データ加工、レポート作成など減らない運用負荷と戦いながらタレントマネジメント施策を実施している。その結果、そもそもシステムに問題があると考え、とりあえず３年でシステムを置き換える会社が増えるという状況が発生している。

タレントマネジメントシステムの導入により実現した可視化、効率化は重要な事ではあるが、タレントマネジメントの施策の「効果」を定量的に示し、関係者の合意が得られないと、いつまでも不満に対応しなければいけなくなる。追い打ちをかけるように「人的資本経営、開示」の波が押し寄せている中、このまま同じやり方をしているだけでは、単にシステムを置き換えても再度、同じ事態に陥ってしまうことは明らかである。

なぜ、このような事態になっているのか。課題の全体像から原因と解決策を見ていくと次のようになる。

本来的にはタレントマネジメント施策は、人材マテリアリティの解決を図るという具体的な目的、目標がまず設定され、その目的、目標を達成するために検討されるべきものである。だが現状では目的や目標が曖昧なまま、単にタレントマネジメントシステムを導入するという手段が目的となり、目標も定性的なものとなっている。

また、施策を実行するプロセス構築が、システムに情報を登録するためだけのプロセスとなっており、登録を活性化するための視点が欠けている。そのため、タレントマネジメントシステムを構築したが施策自体が活用されず、システムの使い勝手に関する不満のみが発生し、運用の負荷につながるという悪循環に陥っている。タレントマネジメントの改善議論が、どうすれば運用負荷軽減になるかのみになってしまい、本来は従業員の能力開発に関する議論であるべきなのに、システム改善の話に終始してしまう。

上記の課題を解決するために、当社では、

①明確な目的、定量的な目標を設定

②従業員から見た施策活用のためのプロセス設計

③施策活用を推進するための「キモ」を抑えたシステムの使い方の定義

④定量的な目標のモニタリング

⑤施策の活用を中心とした改善施策立案を提案している

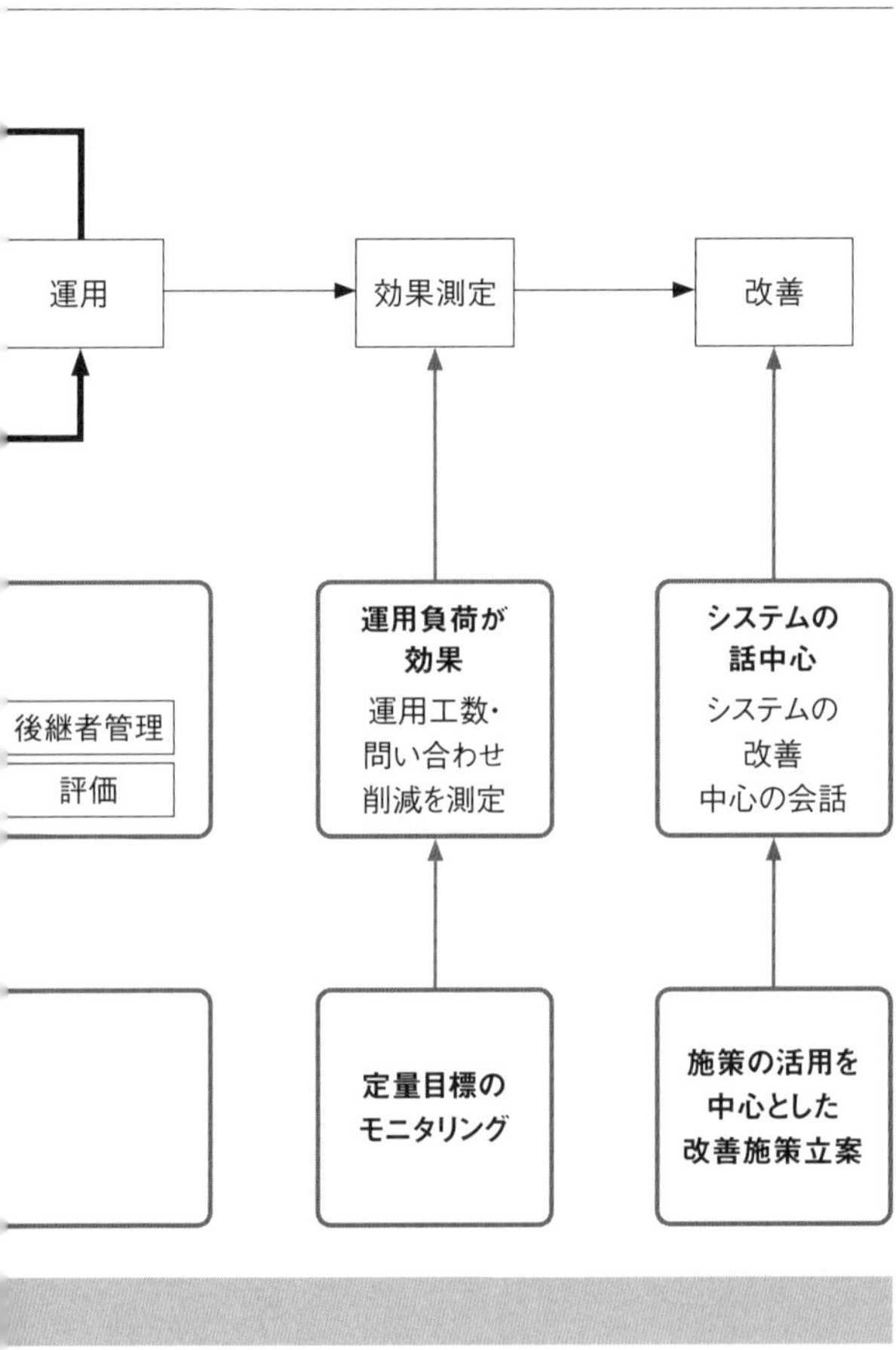

課題の全体像と解決策

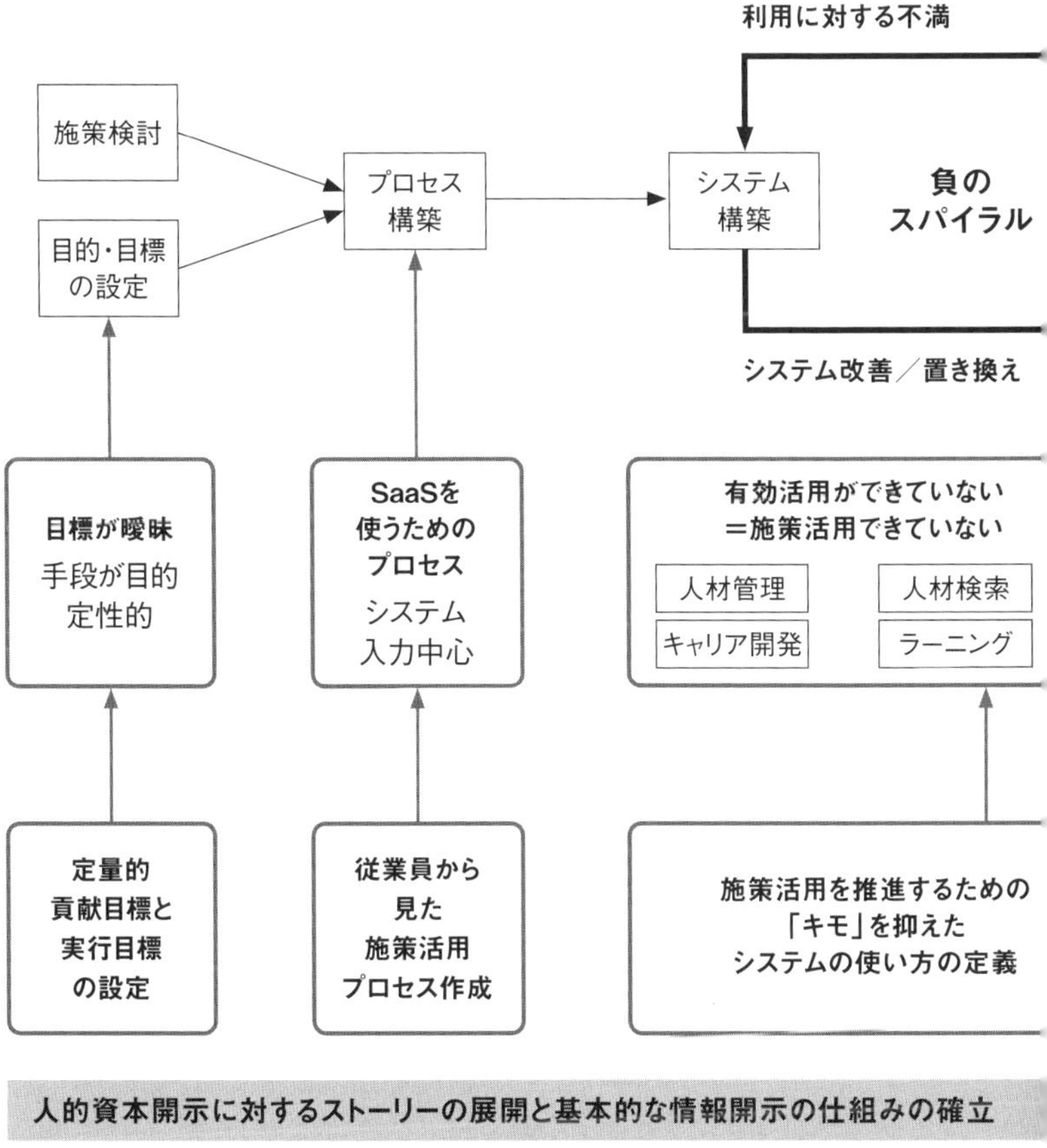
利用に対する不満
施策検討
目的・目標の設定
プロセス構築
システム構築
負のスパイラル
システム改善／置き換え
目標が曖昧
手段が目的
定性的
SaaSを使うためのプロセス
システム入力中心
有効活用ができていない
＝施策活用できていない
人材管理
人材検索
キャリア開発
ラーニング
定量的貢献目標と実行目標の設定
従業員から見た施策活用プロセス作成
施策活用を推進するための「キモ」を抑えたシステムの使い方の定義
人的資本開示に対するストーリーの展開と基本的な情報開示の仕組みの確立

それでは具体的に中身を見ていく。

①明確な目的、定量的な目標を設定

改めて人材マテリアリティから定量的な目標を設定することで、達成のために何をやればいいかが抽出される上、システムの効果も具体的に示せるようになる。また、施策の実行目標を併せて設定することで、施策のPDCAサイクルを回すことが可能となる。

例えば人材マテリアリティとして「従業員のキャリア自律」が定義されていながら定量的な目標が設定されていない場合、人事施策はラーニングコンテンツ提供やキャリア面談の実施となり、施策はやりっぱなしになってしまう。

それに対し、「従業員のキャリア自律」という人材マテリアリティが解消された状態を定義した上で、定量的な目標としてKGIを従業員エンゲージメント、残念な離職率（優秀な辞めてほしくない人材の離職率）、キャリア目標達成率を設定するとどうなるか。定量的な目標が定義されることによって、施策はやりっぱなしにならず明確に効果を示せる上、これらを達成するためのより有効な人事施策を検討しようという発想につながっていく。その結果、例えば、魅力的なキャリアモデルの作成、社内公募と自己申告の活性化といった、人材マテリアリティの解決により直結した新たな施策も考え出されるだろう。

定量的な施策貢献目標と施策実行目標の設定

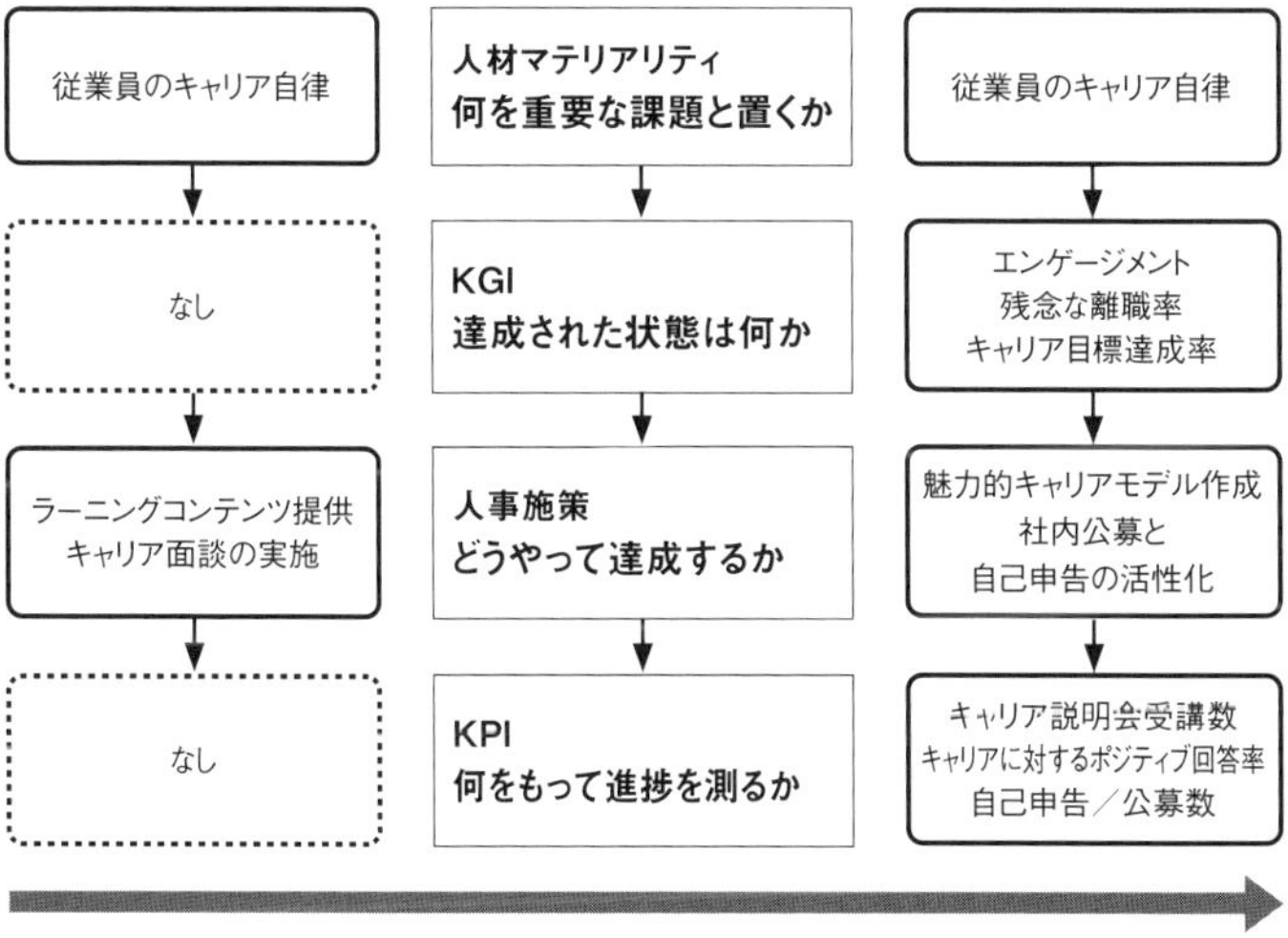

また、施策の進捗を測る指標としてキャリア説明会受講者数、キャリアに対するポジティブ回答率、自己申告／公募数などやはり定量的な指標を設定すれば、状況をモニタリングでき、施策のテコ入れを適宜図ることが可能となる。

②従業員から見た施策活用のためのプロセス設計

人事部では実に多くの人事施策を推進しているが、多くの場合、人事施策の企画立案者がそれぞれ別の担当者になっている。そのため、人事施策がそれぞれ独立して企画、運営されている状態となっている。

本来は従業員が自身のキャリアを検討し、面談を通じてキャリア目標を設定し自己申告を行い、社内公募制度を活用して新しいキャリアを築いていくというように、各施策が有機的に結合を行うようタレントマネジメントは設計されるべきである。

こうした状況を改善するには、最終的なゴールであるKGI達成に向けた人事施策は経営、従業員、事業部門のレイヤーで、それぞれ設計を行う必要がある。

一つひとつの人事施策のプロセス設計にも、重要なポイントがある。

多くの企業におけるタレントマネジメントの業務プロセスは、タレントマネジメントシステムを導入する際にコンサルタントが設計したものであると思われる。そうしたプロセスは、システムにデータを登録するために必要なステップをつなぎ合わせた業務プロセスであって、タレントマネジメントの業務を従業員視点で定義したものではないと考えられる。

例えばキャリア計画作成という業務プロセスでは、従業員が自身の目指すキャリアを検討し、システムにキャリア計画を作成するというステップのみが記載されている。確かに、タレントマネジメントシステムを利用するためには、従業員自身がキャリア計画をシステムに登録する必要がある。その点では間違った業務プロセスではないが、これだけではシステムを導入したとしても、従業員が自身のキャリアを考えてシステムに登録し、キャリア計画を策定し、策定したキャリアに向けて自律的な学習をしていくとは到底考えられない。

従業員視点で見ると①そもそも通常業務が忙しいため、キャリアについて深く考えられる時間がない、②社内でどのようなキャリアが選択肢としてあるのか分からないから何を考えればいいか見当もつかない、③キャリアパス実現のためには新しいスキルを習得し経験を積む必要があるが、現状業務の中ではそれらを獲得できないため計画策定ができない、などさまざまな課題が見えてくる。

解決案としては①通常業務を禁止し、キャリア計画を策定するための時間を設定する、②従業員の経歴や取得スキルなどをもとにシステムが推奨キャリアを提案する仕組みを構築する、③社内公募や越境体験などの機会提供などが考えられる。アビームコンサルティングの人的資本経営コンサルティングチームにおいても半期に一度、各個人の目標設定のみを行う日を1日設けており、その時間で各個人の目標設定と目標達成に向けた実行可能な計画を策定し、チーム内からフィードバックをもらうような運用を実施している。

③施策活用を推進するための「キモ」を抑えたシステムの使い方の定義

タレントマネジメントシステムはSaaSであるため、基本的にはシステムの仕様にあわせて我慢しながら使い続けることになる。しかし、タレントマネジメントの業務を実現するために本当に必要な「キモ」の部分については必要な機能を追加で用意することが求められる。

例えば後継者管理では、後継者として指名されている従業員情報の可視化だけではなく、後継者になり得る隠れ人材を発掘し、後継者として指名することまでが重要だ。

当社ではタレントマネジメントシステムとして「SuccessFactors」の導入支援を行っているが、アビームアセットである高度な要件と使い勝手を追求した人材検索画面の提供によって、隠れ人材を発掘することを実現している。

④定量的な目標のモニタリング

人材マテリアリティの指標であるKGIの達成度とKGI達成に向けた施策の進捗を確認し、進捗が芳しくない施策をテコ入れすることによってPDCAサイクルを回すことも

施策活用を推進するための「キモ」を抑えたシステムの使い方の定義

検索画面の特徴

❶ キーワード&候補レコメンドによる手軽な検索を可能に

❷ 検索条件の指定は直観で使い方がわかるように

❸ 条件指定だけでは煩雑となる母集団の定義を容易に

❹ よく使う検索条件をブックマークし、利用頻度の高いユーザーにとってよりスピーディーな検索が可能に

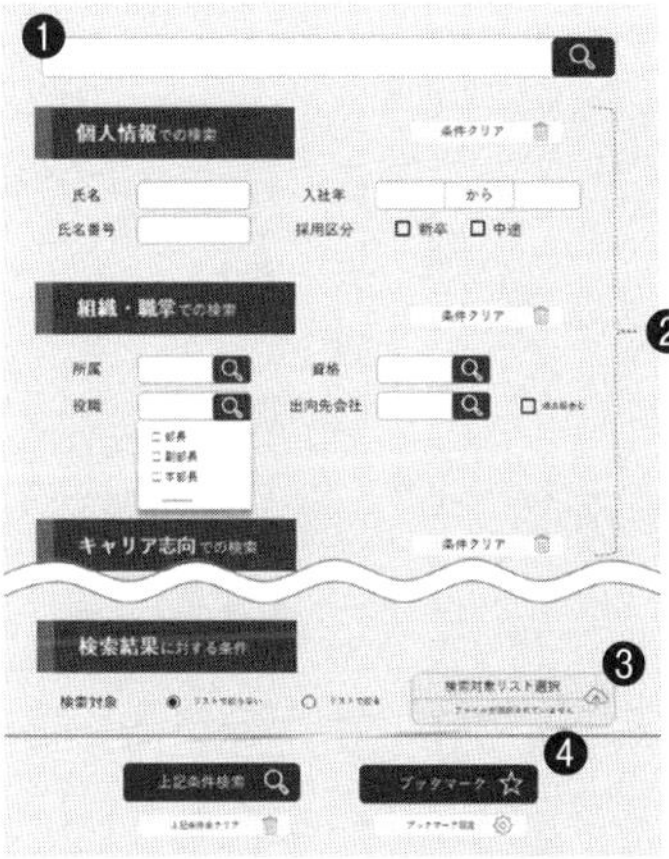

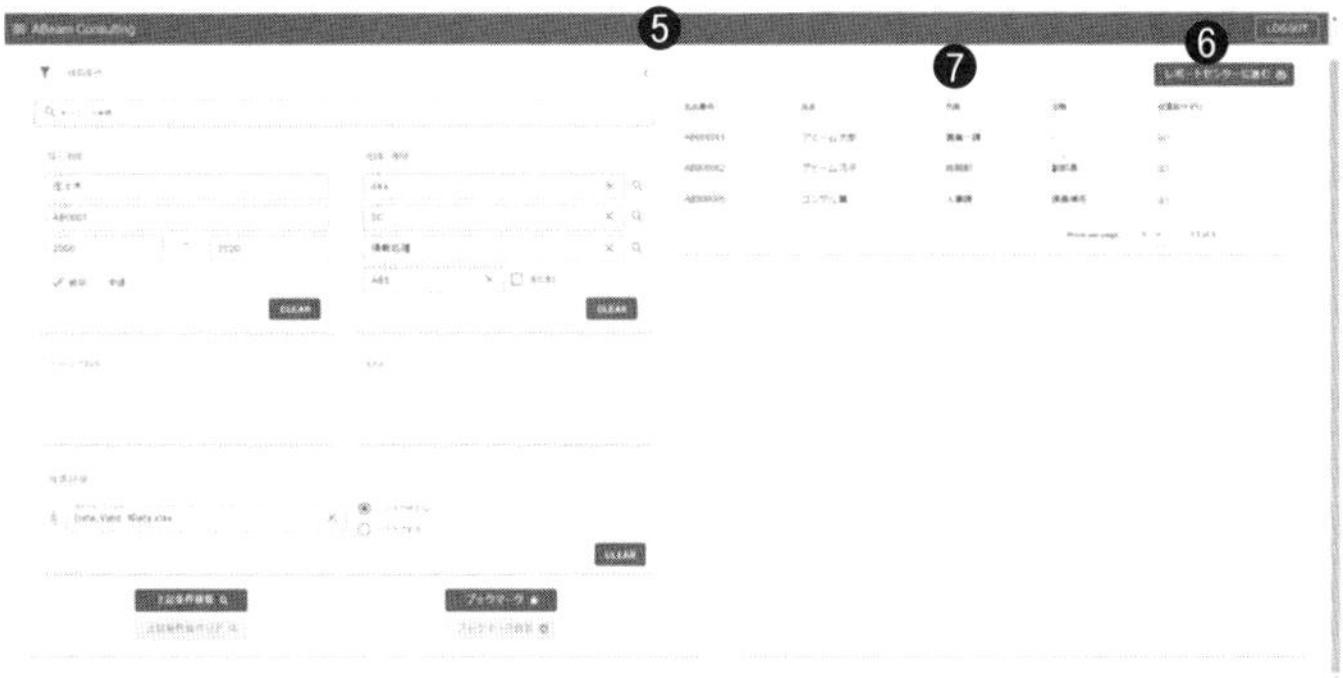

検索画面の特徴

❺ 検索と結果を1画面で描画し、結果を踏まえた検索の再試行を効率的に

❻ 単なる結果出力ではなく、表示項目以外にも好きな項目を追加した出力を実現

❼ 標準項目にとらわれず、各社要件に沿った利便性の高い項目を表示

欠かせない。また、施策の効果に対して担当者の主観的な判断に委ねるのではなく、ＡＩを活用したデータドリブンな施策の効果測定を行い、施策の取捨選択、注力すべき施策の選択と集中を実現すべきだ。

⑤施策の活用を中心とした改善施策立案

タレントマネジメント施策改善には、以下の３つのアプローチが考えられる。①ターゲットの見直しや他社事例を交えた施策のチューニング、②施策をより従業員に浸透させるためのエンプロイヤーブランディングの実施（※詳細は次章にて説明）、③施策の現場での推進役となるマネージャーに浸透させるための役割変更、評価制度の変更、マネージャー研修、チェンジマネジメントである。上記の施策改善を実施し、その効果を測定しながらＰＤＣＡを実施することで、タレントマネジメントも効果的に改善されていく。

以上見てきたようにＫＧＩ・ＫＰＩ管理とモニタリングプロセスの導入は今すぐ開始可能なテーマであり、着手すべきテーマでもある。

本章では、人材マテリアリティが解消された状態であるＫＧＩの定義、ＫＧＩ達成に向けた施策の策定、経営がコミットするためのＰＤＣＡサイクルについて説明した。次章では、その施策をより従業員に浸透させるための提案を説明する。

対談

オリンパス

オリンパス株式会社　日本地域人事総務　バイスプレジデント　**山崎徹**氏、
R&D組織健康統括　ディレクター　**田島信芳**氏、
人事組織人材開発　ディレクター　**玉澤康至**氏
聞き手はアビームコンサルティング　シニアマネージャー　戦略ビジネスユニット　細田俊之

——オリンパスでは現在、人事制度・組織文化改革を進められています。その施策に至った背景について教えてください。

山崎　当社は2019年から企業変革プラン「Transform Olympus」を掲げ、広範かつ包括的な事業変革に取り組んでいます。そのキーワードは2つです。

1つは「グローバル」です。もともとオリンパスは海外輸出売上高が8割を超える、グローバルカンパニーです。ただ、多分にローカライゼーションベースでやってきたところがあります。例えば、米国や欧州の主要ポジションの多くはノンジャパニーズが担っています。良い意味でのローカライゼーションが進んでいるともいえますが、一方で、さまざまなプロセスやシステムも現地化し、結果として非効率になっている部分もありました。そこで、真のグローバルカンパニーとしてグループ一体となった経営を実現するために、「グローバル」を1つのキーワードに変革を進めています。

この取り組みを通じて、ノンジャパニーズのアサインメントが大幅に増えました。執行役（指名委員会等設置会社において業務執行を担当する役員のこと）も10人中6人がノンジャパニーズですし、23年4月からはドイツ出身のシュテファン・カウフマンが社長兼CEO（最高経営責任者）を務めています。かつては経営会議に同時通訳が入っていましたが、いつの間にかなくなってしまうほどグローバルへの変革は着実に進んでいます。

もう1つのキーワードが「医療事業への集中」です。オリンパスは胃カメラを初めて実用化した会社で、内視鏡のトップメーカーであるのは間違いありません。とはいえ、今まで

日本地域人事総務 バイスプレジデント　山崎徹氏

「オリンパスは医療の会社」だと社内外に宣言したことはなかった。あくまでも「オリンパスはカメラと顕微鏡と内視鏡の会社」と言ってきました。

ただ19年に創立100周年を迎え、次の100年間をサステナブルにどう成長していくかを考えたとき、自分たちが最も強みとする領域に注力すべきであろうという決断のもと、医療事業への集中を決め、「グローバルメドテックカンパニー」としての飛躍を目指すことになりました。

非常にシンボリックだったのは、21年にカメラを中心とした映像事業を、22年に祖業である顕微鏡を含む科学事業を譲渡したことです。これにより経営陣が本気であることが社員に伝わり、「本当に医療の会社になっていこうとしているのだな」と徐々に社内に浸透していった気がします。

2つのキーワードを掲げた改革の結果、人事制度も大幅に変わっていきました。グローバル化でノンジャパニーズのアサインメントを増やしていく一方で、もっとも大きく見直されたのは日本国内での人事制度です。伝統的日系製造業特有の年功的な制度から、19年には管理職層が職務型（ジョブ型）にシフト。23年からは非管理職層も職務型（ジョブ型）に変わりました。

さらに、20年に新型コロナウイルスの感染拡大でオフィスが閑散としたことを機に、拠点再編の議論も始まりました。当社は本社が新宿、研究開発の拠点が八王子にあり、その間には情報共有や意思疎通の面で見えない壁があると多くの社員が感じていました。社内では、その状況を「サイロ化」と表現していますが、コロナ禍はその壁を壊していく絶好の機会だと考えたのです。

オフィス再編ではいろいろな部門間の協業を促し、社内のさまざまなサイロを壊していくことを目標とし、「O^3（オーキューブ）」のプロジェクトもスタートさせました。プロジェクト名の由来は、オリンパス・オープン・オフィスの3つのOです。

——オフィス見学をして特に印象的だったのが、他の社員が何をしているのかがパネルで分かるようになっていることでした。通路の幅も少し広めに取っていると聞いて、「どうすれば社員が交流しやすいか」を緻密に考えられたのだなと感じました。社員の方から「以前は書類が積み上げられ、互いを隔てる城壁のようになっていたが、それが取り払われてオープンな環境になり、コミュニケーションが取りやすくなった」という声も聞き、変革が現場に確実に広まっていると感じました。

グローバル化にせよオフィス再編にせよ、とかく人事施策への投資は、具体的な効果がなかなか見えづらく、進める上でのハードルが高いのが一般的です。今回のオーキューブで特に気をつけたところはありますか。

田島　会社が用意した環境に沿って社員が働き方を変えてくれるかどうか、その効果測定は難しい。このためいくつか説得力を高めるような情報を収集、解析して、施策を始める前と今、そして未来の見える化を進めています。

——つまり達成目標をＫＧＩとして定義して、施策によってそのＫＧＩがどう変化してい

R&D組織健康統括　ディレクター　田島信芳氏

くかをデータで予測することで、改革に対する社員の理解をさらに高めようと工夫しているのですね。

田島　まだデータを取り始めたばかりなので分析自体はこれからなのですが、既にさまざまな気づきを得ています。まず、今まで活用し切れず社内に溜めておくだけだったデータの中に、企業としての競争力強化に使えるものが数多くあることが分かりました。また、感覚と数字の乖離が把握できたことも現時点での成果の1つだと思っています。

働き方の現状がクリアになる中で、面白い発見もありました。コラボレーショ

人事　組織人事開発　ディレクター　玉澤康至氏

ンが多くできているかどうかという社員アンケートの結果と出勤データとが直感的にひもづかない。つまり、社員間のコラボレーションと出社には相関関係がないことが分かったのです。

――出社の目的が、コミュニケーションとは違うアクティビティにあるのかもしれませんね。一方で、対面でのコミュニケーションの重要性は高いと思います。Wi-Fiの位置情報をもとに、オフィス内で人がどういうふうに集まり、どのようにコミュニケーションが生まれるかなどもデータとして見えてくるので、この問題についてさらなる分析が可能にな

アビームコンサルティング　細田俊之

ると思われます。

玉澤　データの活用について言うと、そもそもどのようなデータを集めればいいのか分からないことも少なくありません。例えば、サイロ化打破に向けた施策とその効果を定量的に分析するには、まずサイロ化を打破した状態とはどんな状況かというのをみんなでイメージを出し合って定義し、その状況をデータで表現していく必要があります。ただ、1つのデータで示すのは無理で、複数のデータの組み合わせが欠かせません。どんなデータをどう連携すれば、サイロ化という社員の行動を明確に表すことができるのか。その答えを見つけるためのトライを始めたところです。

――現在取り組まれている人事制度・組織文化改革の効果を高めていくために、今後どのような挑戦をしていきたいと考えていますか。

田島　エンゲージメントが高まり、サイロ化を打破したら何ができるか。最終的な目標は、オリンパスがイノベーションをたくさん生み出す会社になることだと考えています。そのためには、まずは近くの仲間とのコラボレーションおよびコミュニケーションを活性化し、さらには部門を超えた連携が欠かせません。オーキューブなど一連の人事施策のゴールはそこだと思っています。その上で、コラボレーションの進み具合やイノベーションの発生状況を見ていきながら、さらに最強の形態に進化させていく。それが改革全体のゴールになるのではないでしょうか。

玉澤　サイロ化を打破するためには、みんなが同じ方向を向くことが大切です。それにはまず向く方向を決めなければなりません。オフィスや人事施策はもちろんのこと、一人ひ

とりが何のために、誰のために働いているのかを考えるパーパスとコアバリュー、全員が同じ思いになっていくことがベースとなるので、並行してそういったことにも取り組んでいく必要があると思っています。

山崎　オフィス再編のゴールは、新しいオープンな環境でコラボレーションを促進し、サイロ化打破などに貢献することです。オフィスを変えただけではコラボレーションは促進されませんので、いろいろなイベントや各種仕掛けなど追加施策を含めて取り組んでいくことが必要です。オーキューブは日本国内での変革ですが、この新しい動きはいずれ、当社全体のグローバルな変革の柱の1つとなっていくことでしょう。

日本地域人事総務　バイスプレジデント　**山崎徹氏**

研究開発拠点人事、ＩＴ系事業開発、国内関係会社代表などを経験した後に人事部門へ。グローバル人事機能の立ち上げ経験を経て現職就任。オリンパスグループ日本地域の人事部門のリードに加え、グローバルレベルでの人材活用、適所適材の人材マネジメントを推進中。

Ｒ＆Ｄ組織健康統括　ディレクター　**田島信芳氏**

オリンパスに入社後、バイオエンジニアとして経産省国家プロジェクトや新規事業開発に従事。その後、Ｒ＆Ｄ企画部門にて医療技術開発の戦略立案、イノベーション推進、Ｒ＆Ｄシンクタンク構築をリード。イノベーションが興る文化の醸成に向け、Ｒ＆Ｄでの風土改革を推進中。

人事　組織人事開発　ディレクター　**玉澤康至氏**

銀行、ベンチャー、商社にて、営業・ＩＴ企画や業務改革を経験しチェンジマネジメントの重要性を実感。その後オリンパスソフトウェアテクノロジーに入社し、人事企画、組織人材開発に従事。２０１７年オリンパスへ吸収合併後、ＨＲの組織人材開発を担当。経験を活かしオリンパスグループの日本における風土改革を推進中。

第4章

「仕組み」と「気持ち」を変える施策

HUMAN
CAPITAL IMPACT

画一化された人的施策の終焉

日本企業における人的施策は、全社員に向けて一律的に提供される場合が多い。例えば、手厚い手当を含む各種福利厚生施策が挙げられる。その他にも階層別に同じ研修を受けさせ、eラーニングシステムを導入し、社員全員に学習の場を同じように提供する。年功序列型の昇進の論拠となる職能等級制度や雇用保障なども、その会社の中で職種や採用パスによる違いはあるものの、ほとんどの全社員に対して一律的に行われている。

このような画一化された人的施策は、日本企業の社員構成が画一的だったことに起因している。米国の歴史学者で東アジア研究の権威であるエズラ・ヴォーゲルは著作である『Japan's New Middle Class - The salary man and His Family in a Tokyo Suburb』(1963)や、バブル期の日本の経済成長を描写し世界的大ヒットとなった『Japan as Number 1』(1979)の中で、日本の「サラリーマン」について言及している。

そこで描写されているサラリーマンは、妻が専業主婦で東京の郊外に家を持ち、満員電車に乗って毎日会社に通う、画一的な男性たちである。彼らは日々の仕事のみならず、自身の長期的なキャリアも会社の命令に従う代わりに家族の生活を保障してもらい、長年勤めれば後々報われるという、会社との堅い心理的契約で結ばれていた。

そのような中で1990年代初頭、日本のバブル経済は崩壊し、「失われた30年」ともいわれる時代に突入した。それ以降じわりじわりとサラリーマンと会社間の心理的契約のほつれが進んできた。企業から命令されるままに働いていても、自身とその家族の生活が保障されるとは限らないのではないか、という疑念が芽生え始めたのだ。それは、サラリーマンのキャリア志向の多様化を促すきっかけとなった。

並行して97年の男女雇用機会均等法の改正により、それまでは努力規定とされていた雇用に関わる女性差別が禁止規定になった。この改正を皮切りに、日本における「男性は外で働き、女性は家を支える」といった伝統的ジェンダー観は支配的ではなくなり、この20年で企業における女性の割合は少しずつ大きくなってきた。

学習院大学名誉教授である今野浩一郎氏は『正社員消滅時代の人事改革―制約社員を戦力化する仕組みづくり』(2012)の中で、会社のために時間や場所の制限なく働く社員を「非制約社員」と呼び、既に彼らは過去のものになりつつあると述べている。企業に勤める社員の多くが子育てや介護を含むさまざまな事情から、男女や年齢に関わらず働き方に何らかの制限を持つ「制約社員」となり、多様な働き方に対応した人事制度が求められるようになると指摘している。

社員の多様化は、ジェンダーといった側面だけではない。社会の急速な変化と共に異なる経験をし、特徴的な考え方を持つ新しい世代が入り混じるようになった。特に、2000年以降に就職したミレニアル世代やZ世代は、それまでの世代と比較して、非常に多様な価値観を持つといわれている。

仕事に対しても「管理職になりたくない」といったセリフに象徴されるように、いわゆる会社における出世や金銭的な成功だけが彼、彼女らのプライオリティではない。ある人はワークライフバランスを重視し、ある人は自身の興味関心を重視し、ある人は社会に与えるインパクトを重視する。ジェンダー、ジェネレーション、国籍といった属性情報を超え、一人ひとりが持つ価値観さえもが多様化しているのである。

このように日本企業における社員は、いわゆる「サラリーマン」といった単一性を持つ構成から、属性的にも心理的にも多様性があふれる構成に変化してきている。そうなった場合に、これまでのような画一的な施策が社員の心に刺さるのだろうか？　という疑問が湧い

日本企業における社会の変化

バブル期
現在
主たる社員
非制約社員
（専業主婦家庭の夫）
制約社員
（共働き、子育て、介護）
会社との
心理的契約
長年勤めれば報われる
将来報われるとは限らない
キャリア志向
会社が決める
自身が決める
画一的な社員
▶▶▶
多様性を持つ社員
○「気持ち」に響く
✕「気持ち」に響く
画一的な施策
画一的な施策

てくる。答えは「否」だろう。

これからの人的施策は多様な社員の心を動かし、行動を望むべき方向に変化させるものでなければならない。画一的な人的施策は属する社員の多様な価値観との齟齬を生む。つまり、それでは人材戦略を実現し、人材マテリアリティを乗り越え事業戦略とサステナビリティ目標を達成し、企業のビジョン、パーパスを体現することはできないのである。

では、どうすべきか？

制度やシステムといった会社の「仕組み」を変えることのみならず、多様な属性や価値観を持つ社員の「気持ち」を変えることにもフォーカスした施策を打つべきである。企業経営における三大資源として〝ヒト・モノ・カネ〟といわれることがあるが、この中で「ヒト」のみが心を持つ。しかも心は複雑であり、繊細であり、多様である。人的資本経営において打たれる施策はこの社員の〝ヒト〟としての「気持ち」をどのように動かすか、が一番肝要となる。

「他社もやっている」施策が生み出す悲劇からの脱却

社員の「気持ち」を変えることが、人的施策においては重要である、という観点に立った時に、これまで多くの悲劇を生み出してきた考え方があることに気づく。それは「他社もやっているから、自社もやろう」という横並び思考であり、もっと辛辣に言えば真似ごと思考である。このような思考から始まった施策は、盛大に「スベる」。

どんなに多くの予算を積み、大規模に制度を改変し、使い勝手の良いシステムを導入したとしても、社員の「気持ち」を動かすことはない。その施策を試してみよう、真面目に取り組んでみようという前向きな「気持ち」が社員に起こらなければ、それは使われず風化してしまう。強制力を働かせたとしても、やっつけでやるだけなので形骸化すると同時に、社員エンゲージメントまで削いでしまう結果となる。

eラーニング施策を例に挙げてみよう。事業ポートフォリオの再編に伴って、現在の社員のリスキルを促し、事業が求める人材のポートフォリオを充足する施策として非常に一般的な、まさに「他社もやっている」施策である。

受講管理や学習記録を行うeラーニングシステムも、またそのシステム上で視聴できる学習コンテンツも、大きな予算を投じて導入される。しかし、どれほどの社員がそのeラーニングを使ってリスキルを達成しているのだろうか？　どれだけの社員がその学習コンテンツを見ているのだろうか？

読者のみなさんは、強制的にやらされるeラーニングのスライドの内容を見ずに「次へ」ボタンを連打したことはないだろうか？　最後に知識の確認として出されるテストを、1回目を「なんとなく」やって答えを見てから、2回目で満点を取って済ませたことはないだろうか？　必須で回答させられるアンケートもなんとなく「非常に満足」とつけて提出したことはないだろうか？　そして「忙しいのになぜこんなことをやらされなきゃいけないのだ」と心の中で不満をつぶやいたことはないだろうか？

世の中の人的施策はこのような悲劇にあふれている。施策が望む効果にもつながっていないだけでなく、社員の時間を削り、エンゲージメントまで下げている。しかし、その施策の実行責任者としては経営の手前、その効果が出ているかのような報告を挙げてしまいがちであり、実態が雲散霧消してしまう。そこに莫大な予算まで投じているのだから、むしろ悲劇というより喜劇と呼んだほうが適切かもしれない。

どうしたらこのような「他社もやっているから自社もやってみよう」という真似ごと思考を脱却し、社員の「気持ち」を動かし、行動変容につなげる施策が打てるのだろうか？　そのためには、一気通貫で施策を考える術が必要となる。それには大きく3つのステップがある。

1つ目は、社員の「気持ち」を動かすための一貫したメッセージを定めることである。社員の「気持ち」を動かすには、まずそれを理解しなければならない。その理解に基づいて、「働く場」として自社が社員に提供する独自の価値は何なのか、を定義する。これをエンプロイヤーバリュープロポジション、略してEVP（Employer Value Proposition）と呼ぶ。そして、それを社員へのメッセージとして一貫して打ち出していく。

2つ目のステップでは、そのEVPを裏付け強化するように、制度やシステムをはじめとする会社の「仕組み」と、その施策のターゲットとなる社員の「気持ち」の両面を変えていく策を練り、実行する。「気持ち」を変えるにあたっては、これまで顧客の「気持ち」、すなわち購買意欲と行動を促すために使われてきたブランディングやマーケティングの手法が社員向けにも応用できる。

「気持ち」を動かす施策のための一気通貫の術

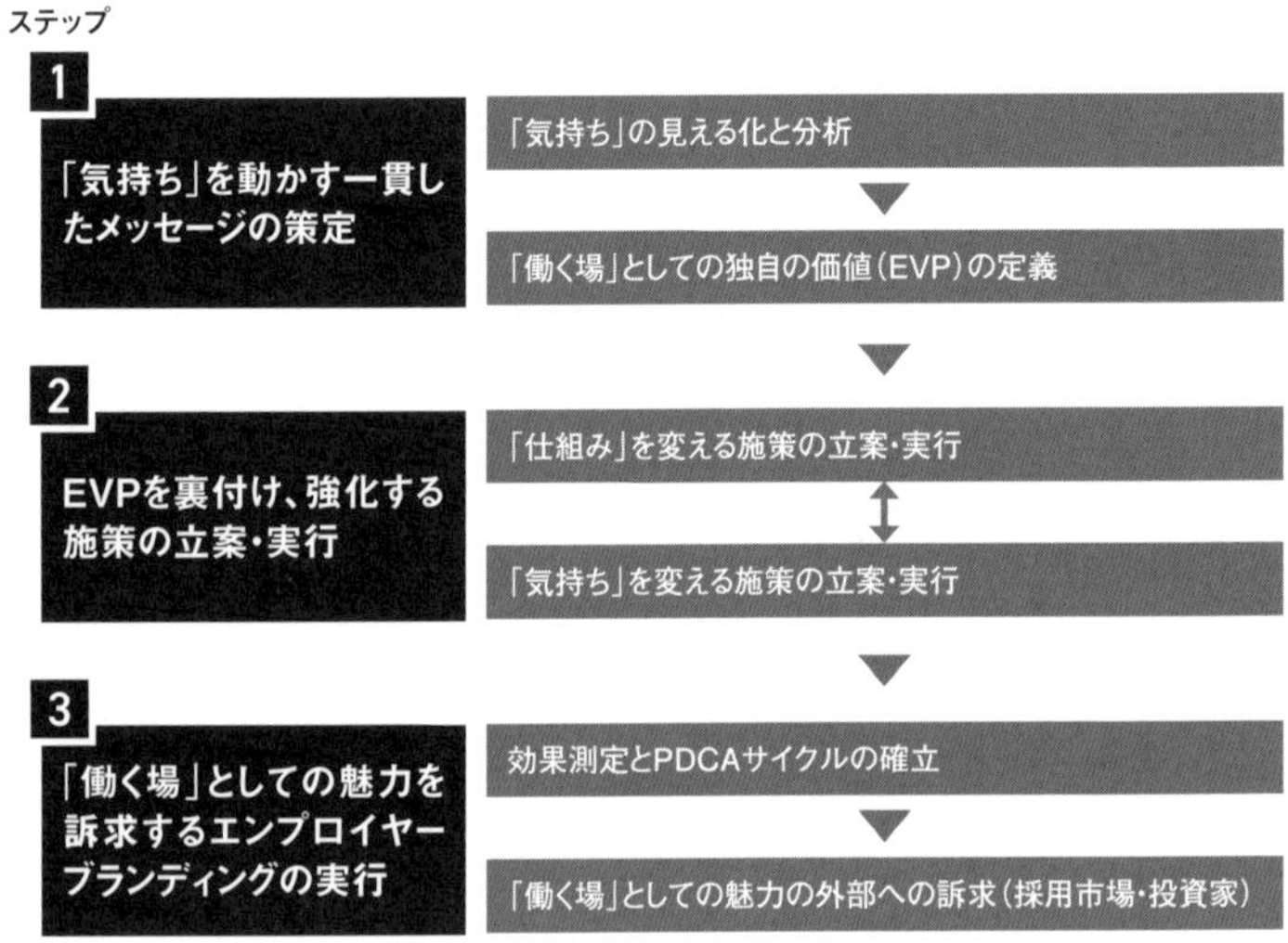

最後のステップではそれらの施策の効果を定量的に測定、モニタリングし、PDCAを回していくと同時に、自社独自の取り組みとして社外にも訴求していく。採用市場や投資市場にも、その取り組みを通して、自社の「働く場」としての魅力を訴求することをエンプロイヤーブランディングと呼ぶ。エンプロイヤーブランディングは、人材不足や投資家からの人的資本情報への関心の高まりを受けて、近年重要性を増している。

社員の「気持ち」を動かす一貫したメッセージ

社員の「気持ち」を動かすには、社員の「気持ち」を理解することから始める以外ない。先に述べた通り、社員はジェンダーやジェネレーションといった属性のみならず、仕事に対する価値観をはじめとして心理的にも多様化している。しかも、それは環境と共に複雑かつ繊細に変化し続けている。ゆえに、企業はその多様性と変化を理解する術を持つ必要がある。そして幸運なことに、昨今ではそれらを効率的かつ精緻に把握するためのテクノロジーが確立されている。

まず社員の心理的な多様性を把握するためのフレームワークを備えた調査を行うべきである。一番優先度が高いのは、一人ひとりのモチベーションを引き出す源泉、平たくいえば「やる気スイッチ」を明らかにすることだ。例えば、その人の「やる気スイッチ」は、経済的に成功することなのか、人から評価、賞賛されることなのか、困難なチャレンジを克服することなのか、専門を極めることなのか、社会的な貢献をすることなのか、ワークライフバランスを維持することなのか…。実にさまざまである。ただし、これらの調査は高い頻度で行う必要はない。せいぜい3年に一度行えば十分といえる。こういった価値観は、仕事上の役割やライフステージの変化を伴わない限り、頻繁に変わることはまれだからだ。

次に、社員の心理的な変化を把握するための調査を行うべきである。それはエンゲージメントサーベイやパルスサーベイと呼ばれ、ここ数年日本企業で急速に広まっている。社員エンゲージメントとは、会社に対して社員がどの程度貢献しようという気持ちがあるかの度合を指している。近年、企業業績にポジティブな影響を与えるという研究が蓄積されてきたことに伴って、欧米の企業経営において経営層の報酬に連動するKPIとして設定されることが広まり、それが日本に少しずつ波及してきた。

一方で、日本における普及にはコロナ禍も大きく関係している。日本企業においては、社員エンゲージメントは長らく、上司と部下の〝飲みニケーション〟をはじめとする「密」なコミュニケーションによって感覚的に把握されてきた面がある。しかし、コロナ禍においてテレワークを余儀なくされた企業では、飲み会はおろか「ちょっといい？」と声かけをする機会さえ激減してしまった。

そういった中で、上司は部下の本音を、会話の中で顔色を見ながら把握する従来の術を

「ちょっといい?」ができない世界の到来

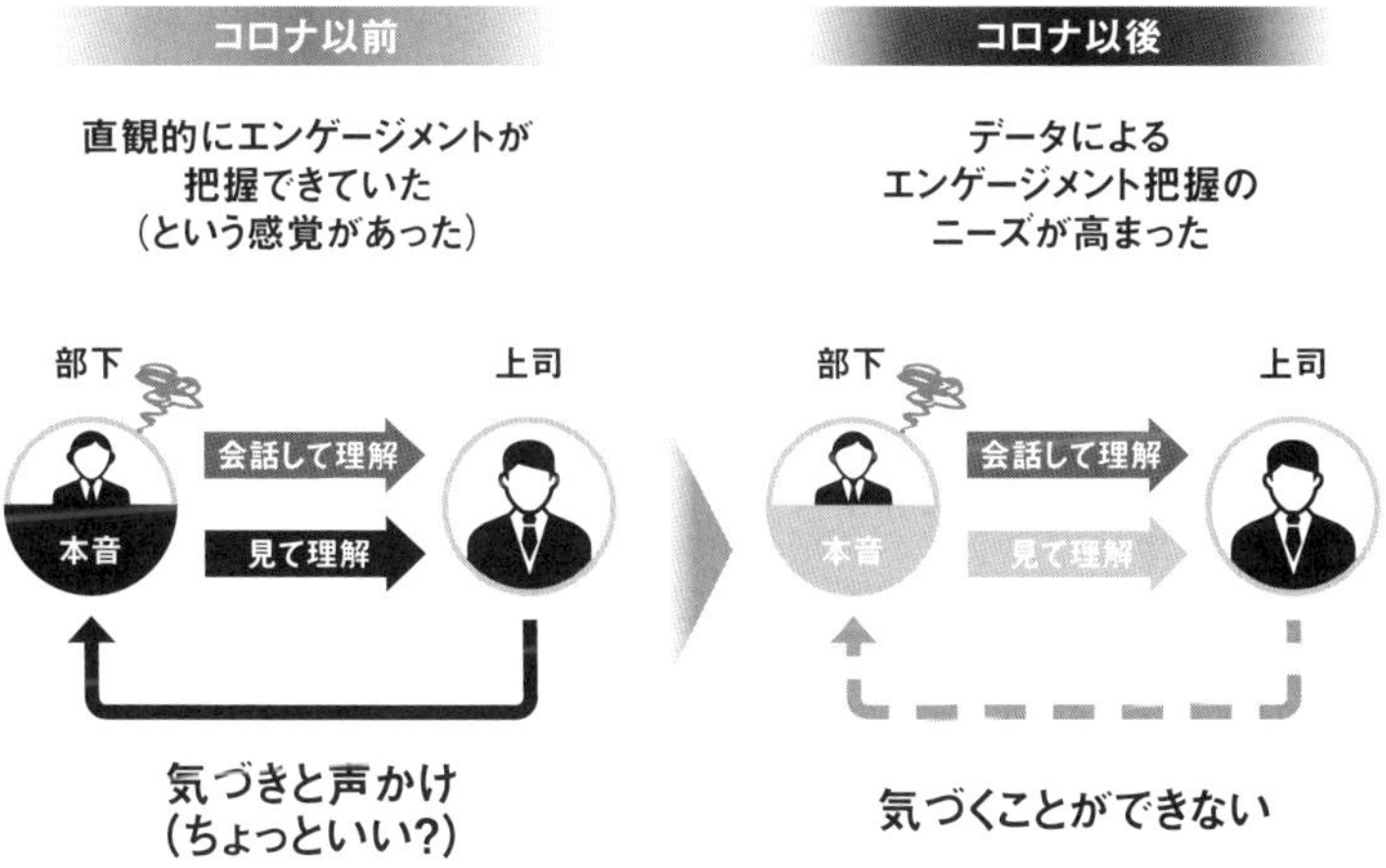

失ってしまった。このような環境変化に対応する1つの策として、これらの調査が日本において普及していったのである。

エンゲージメントサーベイやパルスサーベイは社員の「気持ち」の変化を観測するため、高頻度で行われる。四半期や半期ごと、最も長いスパンでも1年ごとに行われることが一般的である。そして、社員エンゲージメントという指標に加えて社員エクスペリエンス、すなわち、社員が日々働く中でどのような経験をし、どのような想いを抱えているのかについても尋ねる。

例えば、上司は自分のことを気にか

エンゲージメントとエクスペリエンスの関係

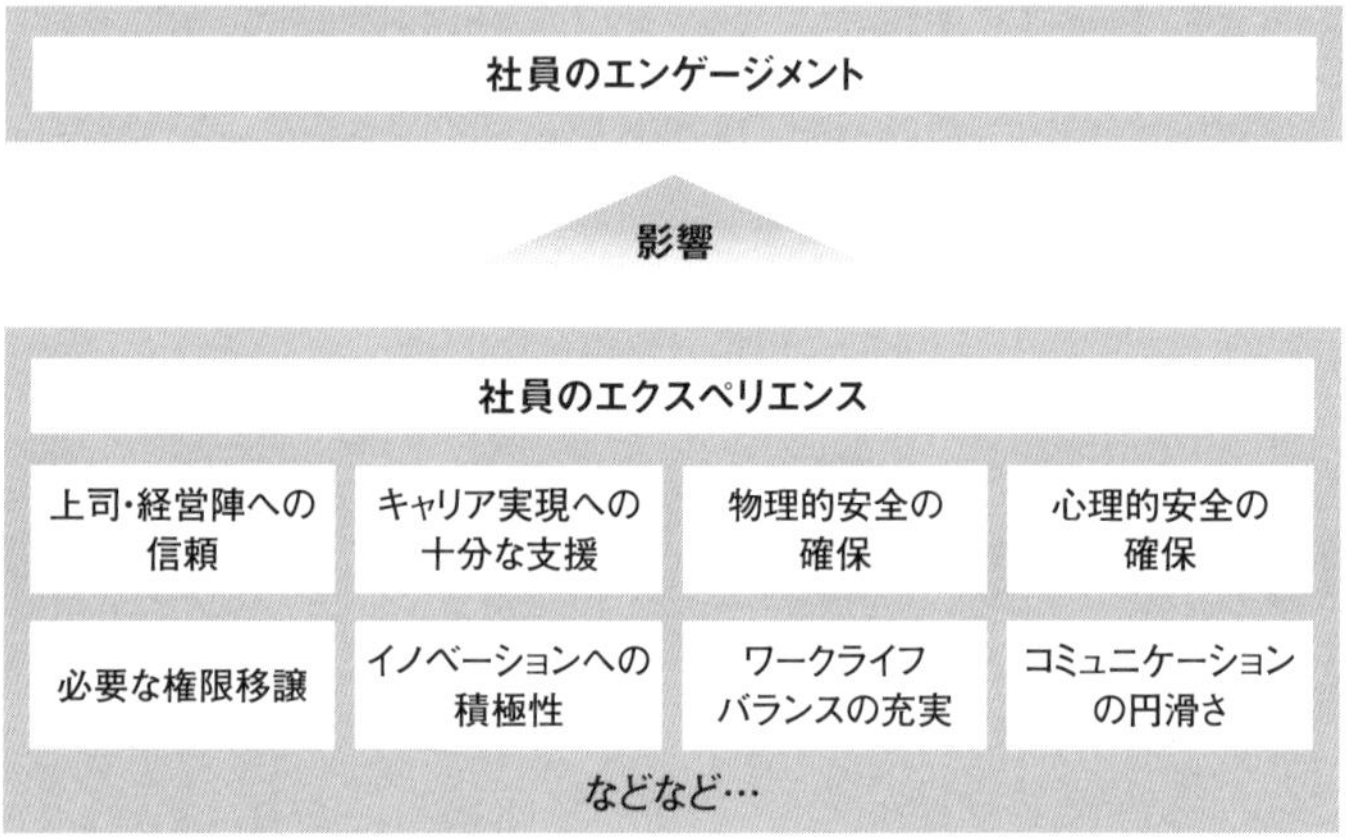

けてくれていると感じるか？ 自身のキャリア目標を実現するためのサポートが十分に行われていると感じるか？ 物理的な安全のみならず、心理的な安全が確保されていると感じるか？ などである。エンゲージメントとエクスペリエンス両方のデータがそろうことによって、その間の相関や因果を分析することが可能になる。すなわち、どんなエクスペリエンスがエンゲージメントを左右しているのかが分かるようになるのである。もっと平たくいうと、社員が今、会社に何を求めているのかが如実になるのである。

これらの調査を通して社員の「気持ち」の多様性と変化が明らかになったら、次はその情報を使って彼らの「気持ち」を動かすためのメッセージを組み立てていく作業に移る。このメッセージは、一貫して繰り返し社員に伝えていく必要がある。ただ、ここで避けなければならないのは、会社視点の押し付けがましいメッセージを送ることである。例えばこんなメッセージである。

「自社の組織は縦割り組織となっております。それを打破し組織間のコラボレーションを通したイノベーションの創出が今、求められています。ゆえに新規事業アイデアコンテストを開くので、みなさんぜひ参加してくれることを期待します」

こういった会社視点の押し付けがましいメッセージの一番の問題点は「社員にとって何がいいのか」、価値やメリットが明記されていないことである。社員の「気持ち」を動かすためには、社員の視点に立ってその後実施していく施策の位置づけに加え社員にとっての価値を、分かりやすく、覚えやすく、共感しやすい形で伝えていくことが肝要となる。このメッセージをエンプロイヤーバリュープロポジション、略してEVP（Employer Value Proposition）と呼ぶ。

EVPとは直訳すると、「雇用主としての価値の表明」といったニュアンスであり、自社の社員に対する「働く場」としての提供価値を明確に定義したものである。言い換えれば、

EVPフレームワーク

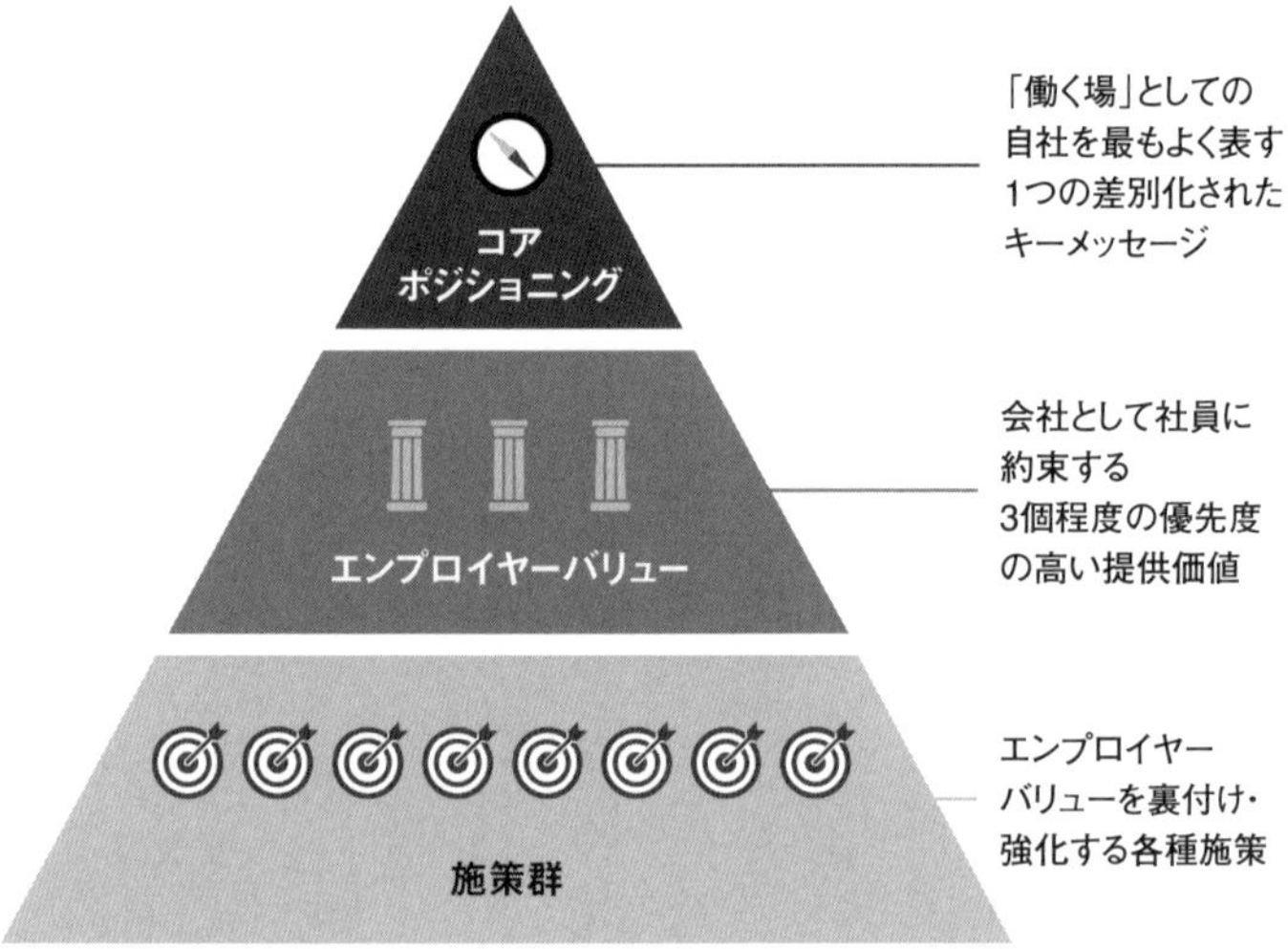
コア
ポジショニング
「働く場」としての
自社を最もよく表す
1つの差別化された
キーメッセージ
エンプロイヤーバリュー
会社として社員に
約束する
3個程度の優先度
の高い提供価値
施策群
エンプロイヤー
バリューを裏付け・
強化する各種施策

「なぜあなたはここで働くべきなのか？」という素朴な問いへの端的な答えである。

ＥＶＰは一般的に３層からなる構造として定義される。第１層はコアポジショニングであり、「働く場」としての自社を最もよく表す１つの差別化されたキーメッセージを指す。第２層は柱となるエンプロイヤーバリューである。コアポジショニングと整合した企業が社員に対して提供できる３個前後の価値を指す。第３層がエンプロイヤーバリューを裏付け強化するため施策群である。

米国のある大手ＩＴテクノロジー

企業を例に見てみよう。この会社は既に20年ほどの歴史があるが、会社設立時よりEVPを明確に定義しており、一貫してそのメッセージを社員に対して発信し続けている。コアポジショニングは「今こそ、あなたの手でよりよい未来を創る」であり、それを支えるエンプロイヤーバリューとして3つの柱を掲げている。

1つ目は、「意味ある仕事以外させない」という非常に独創的な文言である。その会社が掲げるパーパス、ミッション、ビジョン、バリューの実現に結びつく仕事と、社員のキャリアゴールの実現に結びつく仕事のみを意味ある仕事と定義し、それ以外の仕事はテクノロジーの力を最大限活用して自動化するなり、アウトソースすると宣言している。かなり覚悟のいるメッセージだが、その会社で働く社員の「気持ち」を非常に動かすものである。

2つ目のエンプロイヤーバリューは、「優秀な人だけの組織にする」である。ゆえに、あなたは優秀なチームで、優秀なメンバーと働き成長できることを約束している。このため、採用基準は非常に厳しく、加えてパフォーマンスがかんばしくないと判断された場合の改善プログラムも厳しく実施される。一方で、社員が成長するための学習投資やコーチング、フィードバックにかける時間も非常に多い。

最後は「公正に評価し、それに見合った高い報酬を支払う」である。成果を透明性のあるプロセスを経て評価し、その結果に連動して、大きくインセンティブが上下する。そしてその報酬額は業界的にも競争力のある水準となっている。

この例からも読み取ることができるが、EVPを定義する上では労働者の期待に応えるだけではなく、人材獲得上の競合との差別化を明確にし、「自社らしさ」を表現する必要がある。そうでなければ社員としては、会社が約束することに価値を感じず「気持ち」が動かされないからである。

定義をするにあたっては、まず①社員が「働く場」に期待する価値を明確化し、②自社が「働く場」として提供できる価値を確認し、③競合が「働く場」として価値提供できるか否かを確認し、差別化要因を先鋭化させていく。その3つの要素の検討プロセスを踏むことで、自社が提供でき競合他社が提供できず、労働者が求める、独自の価値となるEVPを定義することができる。

愛三工業はこれらのステップを丁寧に踏んだ先進的な取り組みをしている会社である。同社は愛知県に本社を置く自動車部品製造企業であり、燃料ポンプモジュールは世界シェア4割を占め、トップシェアとなっている。愛三工業はまず、社員の「気持ち」を明らかにするためのサーベイを実施することから出発した。

「自社らしさ」を表現するEVPに必要な3つの検討要素

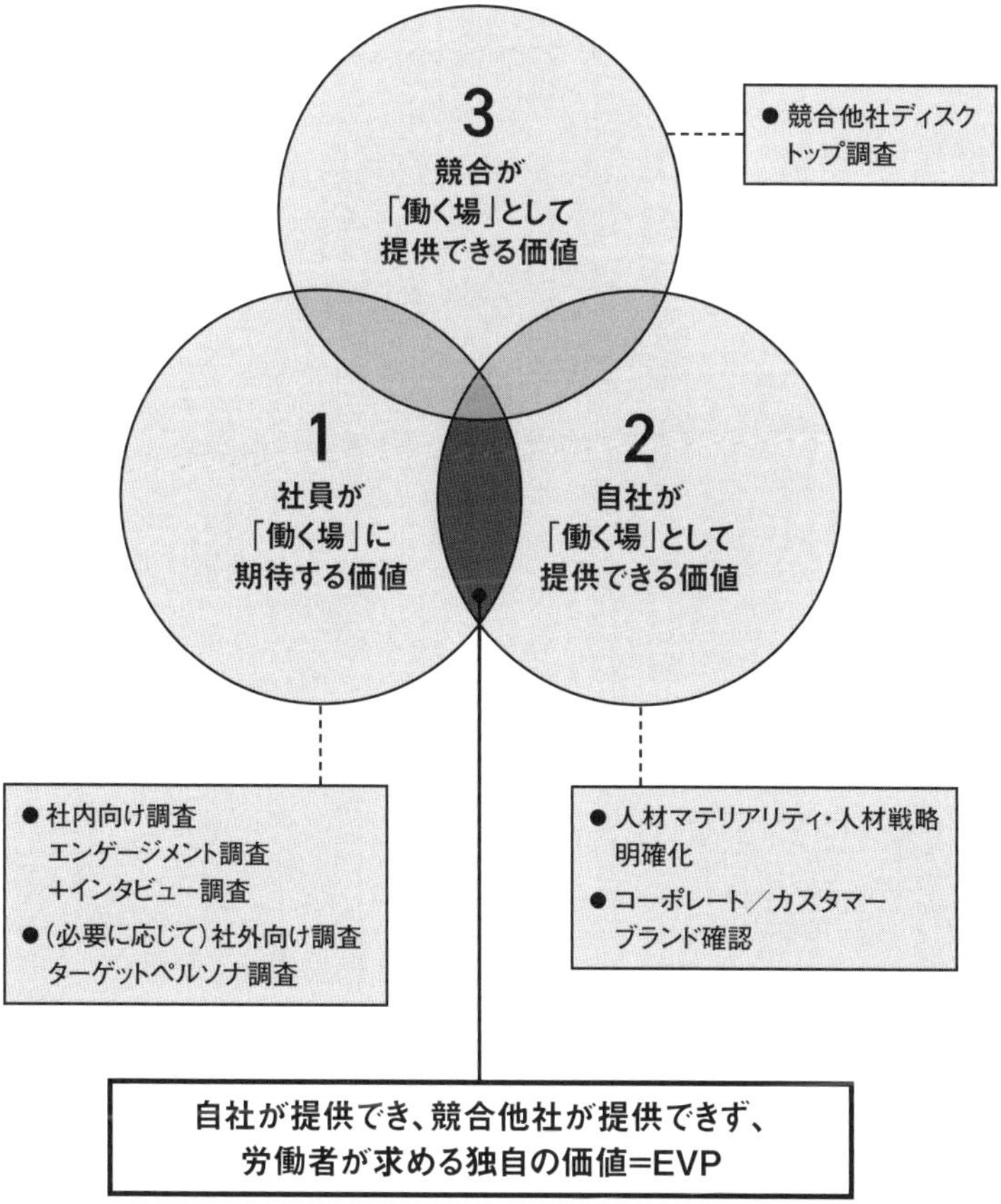

そのサーベイの中では、社員エンゲージメントの動向、そして社員の継続勤務意向とそれに影響をもたらす社員エクスペリエンスの関係性を明らかにしようと試みた。サーベイの結果明らかになったのは、①「ぶら下がり」の空気の蔓延と、②社員エンゲージメントに影響をもたらしている社員の「働く場」に期待するニーズの優先順位であった。

現在、愛三工業はいわゆるCASE（自動車のIoT化、自動化、共有化、電動化といった自動車業界の先端技術とサービスを表した造語。Connected , Autonomous , Shared & Services , Electric の頭文字をつなげている）に代表される自動車産業を取り巻く急激な環境変化を受けて、既存の内燃機関中心の製品事業のみならず、電動化やクリーンエネルギーなどの分野における新規事業の創出など、事業ポートフォリオの変革を推進している最中にある。新事業の推進においては、既に成熟した既存事業とは異なり、リスクをとりつつ新たなことに挑戦していく企業文化が重要となる。しかし、そのサーベイの結果が浮き彫りにしたのは、社員エンゲージメントが低調な一方で継続勤務意向は高く、ほとんどの人が会社を辞めようとは思っていないという「ぶら下がり」の空気の蔓延であった。会社の事業戦略を実現するために、この課題は無視できない。

もう1つ分かったことは、社員が「働く場」に何を求めているか、である。社員エンゲージメントと社員エクスペリエンスの関係性の分析を通して、社員が会社に求める上位3つのことが明らかになった。その3つとは、A．会社のパーパスや在り方に対して自分事として納得できていること、B．キャリア実現・成長に向けたサポートが充実していること、C．ワークライフバランス・健康・安全確保といった多様な社員が活躍できる環境が整えられていること、である。このサーベイと分析を通して、EVPを定義する最初のステップ、①社員が「働く場」に期待する価値を明確化した。

次にステップ②として自社が「働く場」として提供できる価値と重なる点を明らかにするために、愛三工業が長い歴史の中で、社員に対してどんな人的施策を打ってきたかを洗い出し、整理を行った。その結果、社員のニーズとしてステップ①で明らかになったC．ワークライフバランス・健康・安全確保といった、多様な社員が活躍できる環境を整えるために、経営と労働組合との長きにわたる協力の歴史の中でさまざまな施策が立ち上げられ、現在まで受け継がれていることが分かった。

一方で、A．会社のパーパスや在り方に対して自分事として納得できていることとB．キャリア実現・成長に向けたサポートが充実していること、という社員のニーズに対しては十分な施策が打たれてこなかったことが分かった。

最後はステップ③である。人材獲得上の競合、具体的には愛知、岐阜、三重の自動車部品製造系の企業の人材戦略や人的施策、そしてそれに対する社員の反応をIR情報や膨大な口コミデータから調べ、まとめ上げた。結果として、それらの競合は、キャリア施策と多様な社員が活躍できる環境に関して、企業ごとに施策の実施度合に差異があることが分かった。一方で、その地域の自動車部品製造業は、トヨタ自動車を頂点とする垂直統合型のビジネスの中で、会社間でも会社内でも上意下達の文化が浸透しており、会社の在り方に対して社員が上からおりてきた方針に従うという企業が大多数を占めていた。

これらステップ①②③で判明した結果を総合して、愛三工業はEVPを次のように定め、「働く場」としての独自の価値を社員と一緒につくりあげるためのポジショニングをとることを宣言することとした。

コアポジショニング：小さな愛で、世界は動き出す――「日々働く幸せを感じながら、自己決定と行動によって自分と会社の未来をかたちづくることができる」職場になるという想いを込めて

エンプロイヤーバリュー1：どんな小さなあなたの声も、会社を変える原動力に――社

愛三工業のEVP

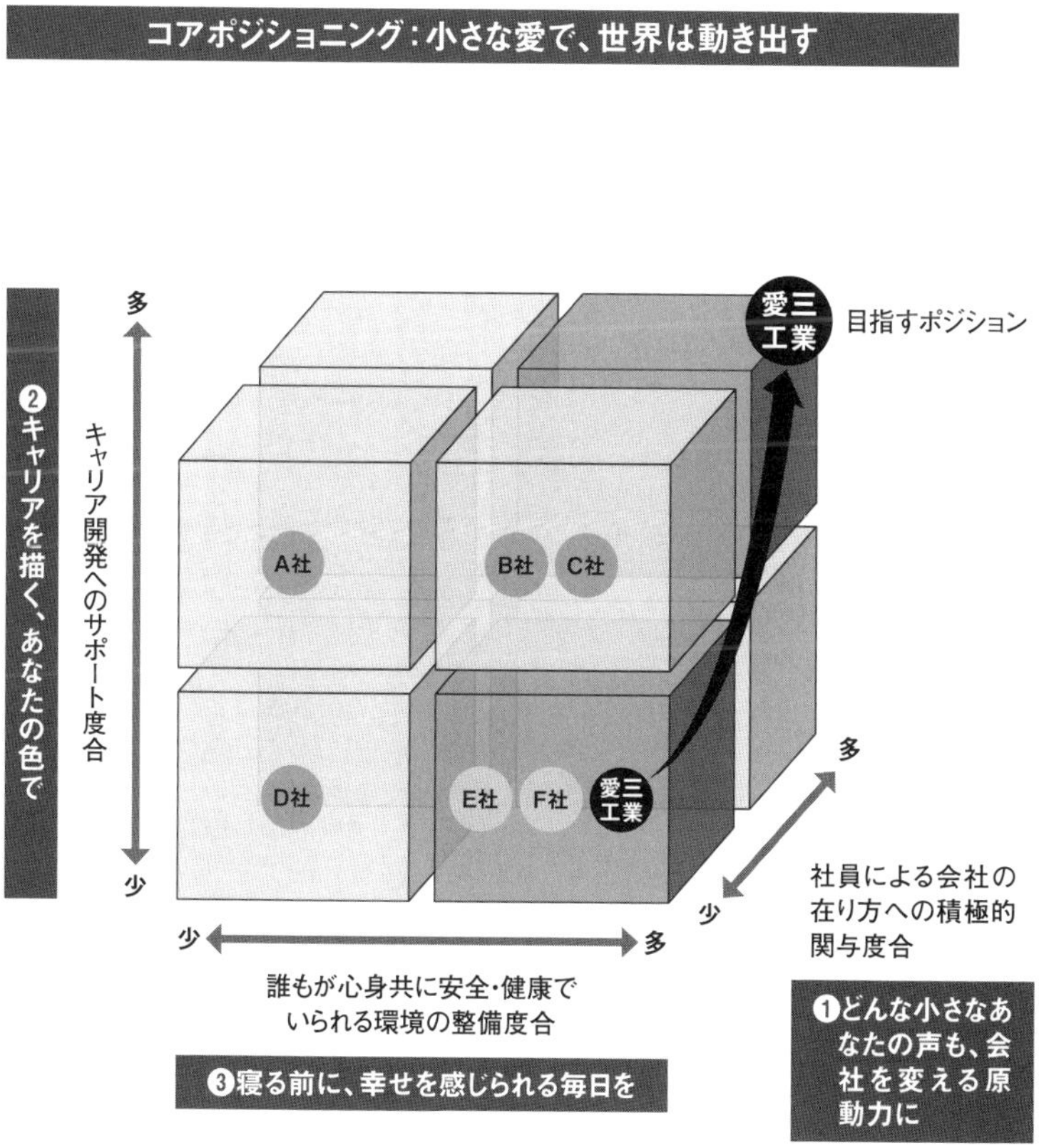

コアポジショニング：小さな愛で、世界は動き出す
多
キャリア開発へのサポート度合
少
❷キャリアを描く、あなたの色で
A社
B社
C社
D社
E社
F社
愛三工業
愛三工業
目指すポジション
少
多
誰もが心身共に安全・健康でいられる環境の整備度合
❸寝る前に、幸せを感じられる毎日を
多
少
社員による会社の在り方への積極的関与度合
❶どんな小さなあなたの声も、会社を変える原動力に

員一人ひとりによる会社の在り方の参画をどんな形であれ奨励するという意思を表現

エンプロイヤーバリュー2：キャリアを描く、あなたの色で――夢を描き、挑戦し続けられるキャリアの実現を組織全体で支援するという意思を表現

エンプロイヤーバリュー3：寝る前に、幸せを感じられる毎日を――誰もが心身共に安全・健康でいられる職場環境を全社員で一緒に維持・向上し続けるという意思を表現

図に示されている通り、これらの3つのバリューを総合すると、該当地域のどの会社とも違う「働く場」としての独自のポジショニングを取ることができる。それらを一貫したメッセージとして社員に繰り返し発信し続けていくという戦略の下、さまざまな人的施策をEPVにひもづけて実行していくことを活動の軸としたのである。

会社の「仕組み」と社員の「気持ち」を変える策

EVPを定め、社員の「気持ち」に対して訴えかけるメッセージを定義し、宣言した後は、それらを裏付けて強化していく行動を起こさなければならない。この行動が人的な施策そのものである。

これからは、制度やシステムを始めとする会社の「仕組み」を変えるだけにとどまらず、同時に多様な属性や価値観を持つ社員の「気持ち」を変えることを実現しなければならない。しかし、先に述べたように、これまでの人的な施策は「仕組み」の導入や修正に終始し、社員の「気持ち」をどのように動かすかについて、注意を払ってこなかった。結果、その多くが形骸化し実態と効果を伴わないものとなっている。では、宣言したメッセージを体現した、会社の「仕組み」と社員の「気持ち」を変える策はどのように考えればいいのだろうか？そして、具体的にどのような策を企業は講じ、効果を上げているのだろうか？

まずは考え方を整理したい。施策を考える活動は大きく分けて3つに分かれる。最初に行うべきは、EVPに照らして改めて、現状行われている施策の位置づけと効果を整理しなおすことである。その整理を通して、EVPを裏付けるために施策が足りていない領域はどこか、EVPを強化するために修正が必要となる現状の施策は何かを可視化する。第2、第3の活動は複数回サイクリックに繰り返される。

第2の活動は、施策案の立案である。その際に肝に銘じておくべきは、これまで人事部が考え、行ってきた施策は真面目で堅いものが多い、という自戒である。検討する上では、ジェンダーやジェネレーションといった面で多様性に富むのみならず、人事部外や社外のメンバーを加えた検討チームを組成すべきである。でないと、結局はこれまでやってきたことの焼き直しか、どこかで聞いたような「他社もやっている」真似ごと施策の案が量産されてしまう。そうならないために、あらゆる角度からの自由なディスカッションが必要である。

その後、第3の活動に移る。それは、社内のアーリーマジョリティーへの施策案の共有と、忌憚なきフィードバックの収集である。人的施策もマーケティングと同様、内容がどうあれ、新しいものを試してみようという層が一定程度存在する。

「気持ち」を変える施策を考えるための活動

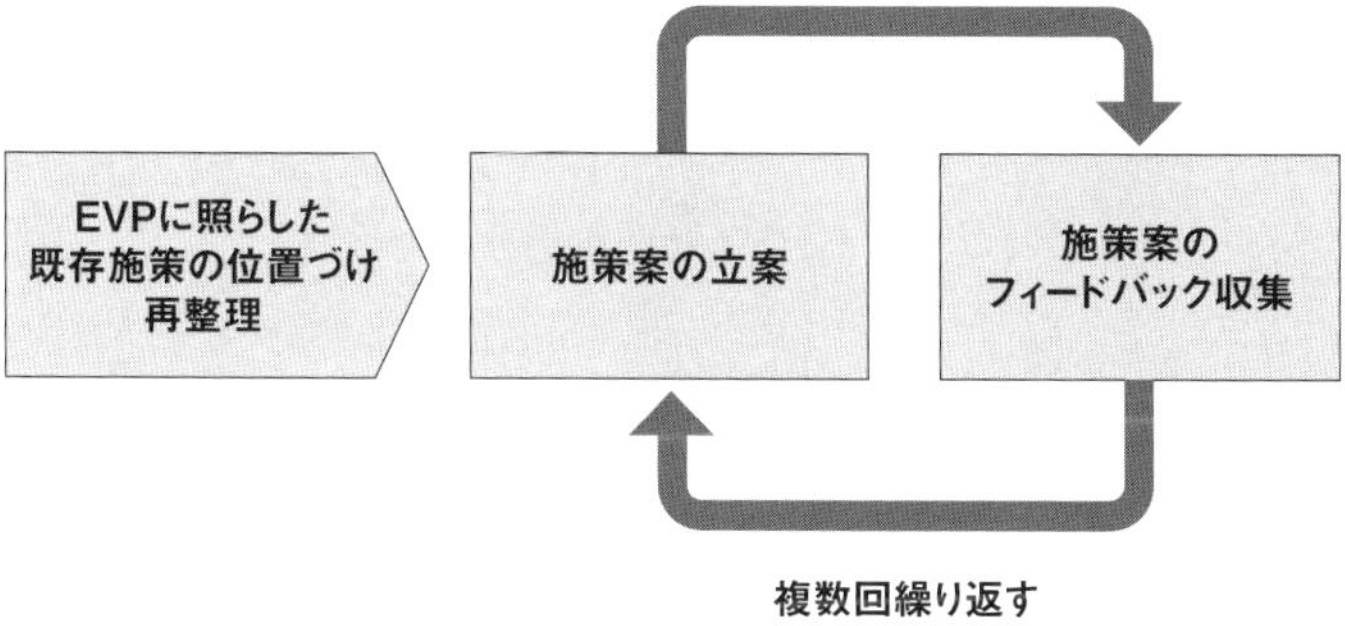

米国のハイテク業界におけるマーケティングとイノベーションに関する大家であるジェフリー・ムーアは、自身が提唱したキャズム理論の中で、新製品の市場導入におけるプロセスは初期市場であるイノベーター、アーリーアダプター、メインストリームであるアーリーマジョリティー、レイトマジョリティー、ラガードという5つの段階に分けられることを述べている。特にアーリーアダプターとアーリーマジョリティーの間にキャズム(深い溝)があり、それをどう乗り越えるかが非常に重要であると述べている。

人的施策も同様である。イノベーターやアーリーアダプターのような層は一定程度存在し、新しい施策案に対してぜひ試してみたいといった前向きな意見を述べてしまう。こういった意見に人事部の担当者の「気持ち」が救われることは確かだが、その他多くの社員の「気持ち」を動かすための示唆はない。人事部内でもそういったタイプの人たちが集まって企画を立案し、レビューし合い、苦労して立ち上げた施策が、ほとんどの一般社員に見向きもされずに朽ちていった例を多く見てきた。

キャズムを超えるためにこの活動で必要なのは、「冷めた目」を持つアーリーマジョリティーの意見である。「仕事が忙しい中、そんな施策に参加したいと思わない」「その施策に参加して注目されるのは気恥ずかしい」「やれと言われればやるが、やっつけで終わらせる」「そんな施策が始まっても恐らく気づかない」などなど。その施策でメインのターゲットとする人たちはどんな人たちか、そのターゲットは心理的にどんな多様性を持った人たちか、そしてその人たちはその施策案を聞いたときに直観的にどのような「気持ち」になるのか、その検証を踏まえて、施策の再構成に取り組む。

ある時は施策を一部修正するだけで済むかもしれないが、多くの場合は潔くゼロクリアする勇気が求められる。これまで気づかなかった視点を基に、以前の案に引きずられずにアイデアをブレインストーミングすることでより良い施策を創り上げることができる。このようなサイクルを最低3回、諦めずに行うことでやっと社員の「気持ち」を動かせると思える案が形作られていく。

ここまで、会社の「仕組み」と社員の「気持ち」を変える策の考え方について整理してきた。ここからは会社の「仕組み」と社員の「気持ち」を変える具体的な施策に関する3つの事例の紹介に移ろうと思う。最初に、EVPの定義について事例紹介した愛三工業が初手として打ち出した社員と経営層との対話の場である「愛三カタリバ」の施策事例について説明する。次に、あるモビリティー関連の製造企業において、社員の日々と未来へのワクワクを醸成するための施策をどのように導きだしたのかを説明する。最後に、重機関連の製造企業において、トップパフォーマー以外でも実行したいと思わせる自律的キャリア開発推進の施策について紹介する。

①愛三工業　社員と経営層との対話の場を創る

この章において度々紹介してきた愛三工業だが、EVPを定義した後に、初手として何から始めるべきかという議論になった。エンプロイヤーバリューの3本柱として①**社員による会社への関与**、②**キャリア実現に向けた積極的支援**、③**安全かつ健康でいられる環境整備**を定義していたが、③については長い歴史の中で既に多くの関連施策が実行中ないしは企画中であり、①か②の優先度が高いという検討がなされた。

検討の中では、エンゲージメントサーベイにおける「ぶら下がり」の空気が蔓延しているという結果も勘案し、そういった会社や自身の未来への「諦め」ともいえる感情を、前向きな変化への「期待」に変える施策から始めるべきだという合意がなされた。その中で企画されたのが、①社員による会社への関与というエンプロイヤーバリューを裏付け、かつ会社の前向きな変化の兆しを演出する、社員と経営層の対話の場「愛三カタリバ」であった。

社員と経営層の対話と聞くと、よくある施策じゃないか、どこが独自なのか、うちの会社も同じようなことをやっている、と思われるかもしれない。しかし、そのほとんどは全く「盛り上がっていない」。

一般的に行われている社員と経営層の対話会の多くは、**パターンⒶ：経営層による独演会と化しており、社員はうんざりしている、パターンⒷ：経営層による事情聴取と化しており、上滑りな会話に終始する、パターンⒸ：いつも通りの座談会形式であり、取り組み自体にチャレンジがなく、改善への諦めをより一層強めてしまう、**といったパターンのどれかに当てはまるか、ないしはすべてに当てはまっている。

愛三工業はこのような対話会を絶対に回避すべきもの、と定義した。そして、この対話

「愛三カタリバ」の2つのゴールと避けるべきとされた対話会の3つのパターン

ゴール❶
全員の声を「聴く・訊く」

ゴール❷
「変化の始まり」を告げる

ゴールを達成できない

まるで独演会

ホストや一部のメンバーだけがしゃべっており、「全員の声を聴く・訊く」が出来ていない

まるで事情聴取

積極的に意見や質問が出ず、一人ひとりに発言を促すものの、上滑りな対話に終始する

まるで変わらない

いつもと同じ座談会形式で、取り組み自体にチャレンジがなく、変化への期待を削いでしまう

会のゴールとして1．社員の声を「聴く・訊く」、2．「変化の始まり」を告げる、の2つを設定し、それらを達成できるよう覚悟を持ち、そしてさまざまな工夫を凝らして企画詳細を具体化していった。

　まずは1．社員の声を「聴く・訊く」ためのさまざまな工夫を凝らした。社員が自分の本音を話しやすい空間をいかにつくるのかが重要なポイントである。最初の工夫は、対話会の最初にふるまわれるお茶菓子である。そのお茶菓子は、会のホストとなる経営層自身がセレクトしたもので、会によって変わる。まず経営

層が、社員に対して、この場に来てくれた感謝を行為で伝えるのである。

米国の著名な心理学者である、ロバート・チャルディーニは著書『影響力の武器』の中で「返報性の原理」について述べている。返報性の原理とは、相手から何かを受け取ったときに「こちらも同じようにお返しをしないと申し訳ない」という気持ちになる心理効果である。経営層自身が自分たちのためにお茶菓子を選びふるまってくれた中で、この対話会を台無しにしてやろう、などと思う社員はいないだろう。

また、会によって、ふるまわれるお茶菓子が毎回変わるという点もミソである。将棋における多くの最年少記録を塗り替えた藤井聡太は、ランチに何を食べたかが話題になった。同じく、あの役員との対話会のお菓子は良かった、悪かった、普通だったという対話会の外での社員間での話題の波及効果も期待できる。

一方で、社員にとって自分の意見を述べるのは緊張するものである。その緊張をほぐすために、対話会唯一のルールとして設定したのは、誰かの発言の後に必ず「大きな拍手」をすることである。どんな意見であっても賞賛され、受け入れられる、もちろん評価などに悪い影響をもたらすことなどはあり得ない、というメッセージを、五感を通して伝えるのである。

社員がつくったコラージュトークのワークシート実例1

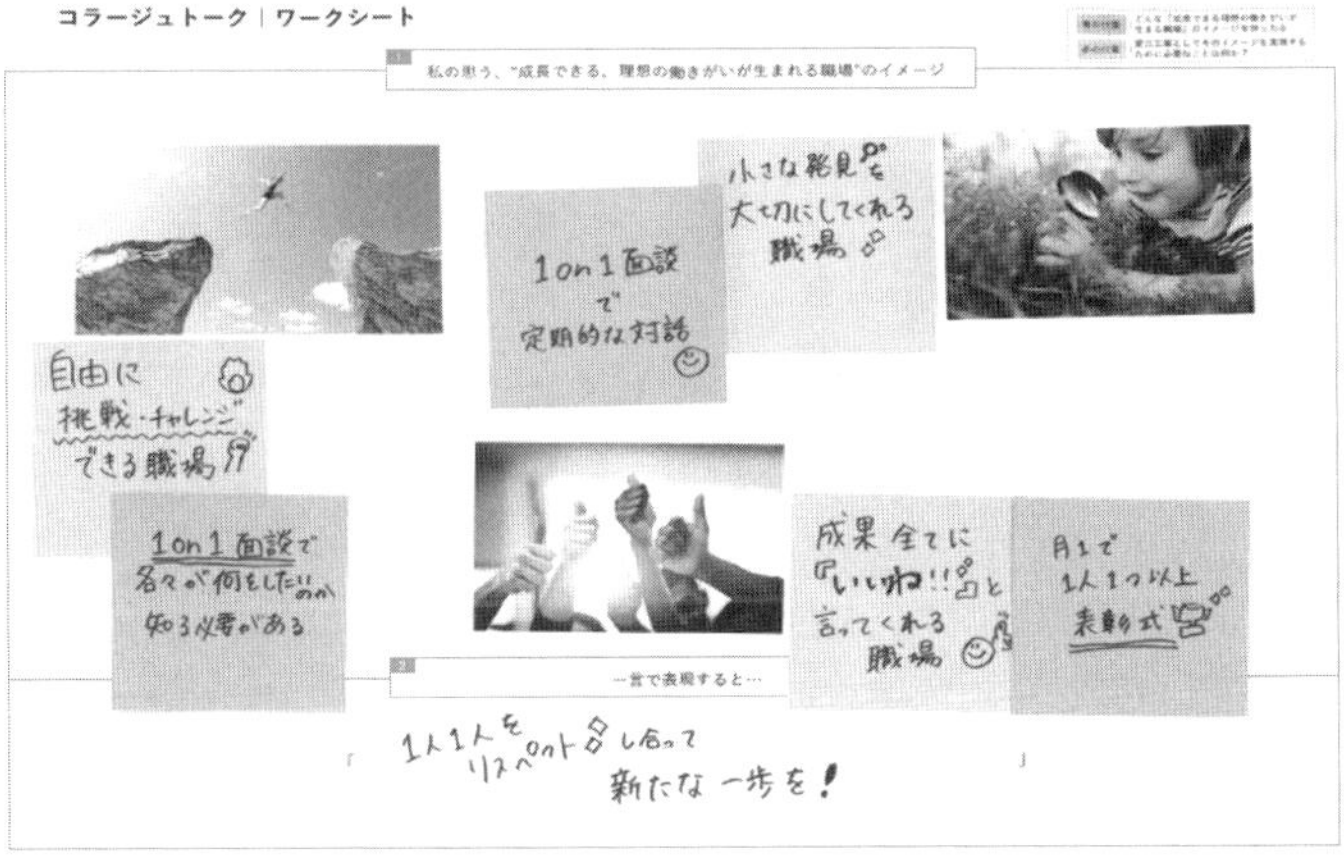

社員がつくったコラージュトークのワークシート実例2

社員がつくったコラージュトークのワークシート実例3

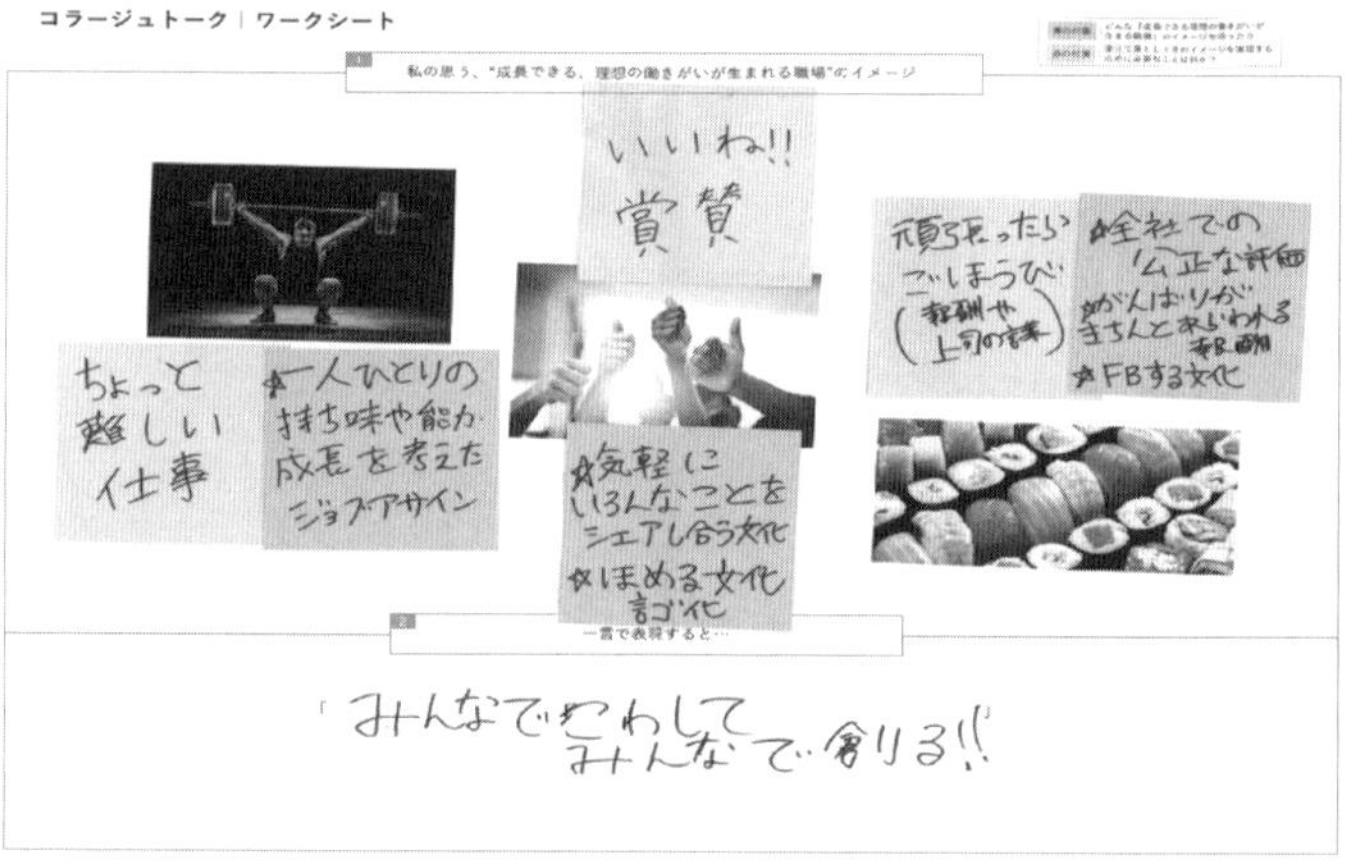

コラージュトーク｜ワークシート
1
私の思う、"成長できる、理想の働きがいが生まれる職場"のイメージ
いいね!!
賞賛
頑張ったらごほうび（報酬や上司の言葉）
☆全社での公正な評価
☆がんばりがきちんとあらわれる報酬
☆FBする文化
ちょっと難しい仕事
☆一人ひとりの持ち味や能力成長を考えたジョブアサイン
☆気軽にいろんなことをシェアし合う文化
☆ほめる文化
言ゴ化
2
一言で表現すると…
「みんなでわかして　みんなで創る!!

さらに、社員が自分の意見を形作るためのアクティビティを加えている。コラージュトークという手法であり、机に並んだ100以上の写真から自分の意見に近いものを選び、そこにコメントを張り付けていく。しっかりと対話会の中で時間をとって意見をまとめる時間を作って、その発表と質疑応答を通して、対話を双方向的に、意味のあるものにしていく。この他にも多数の工夫を凝らして社員が自分の本音を出しやすい雰囲気を創っていく。

　並行して、2.「変化の始まり」を告げるために経営層がその覚悟を示した。先に述べたさまざまな工夫だけでも、これまでの施策とは違いそうだ、という変化を感じさせるものではあった。しかし社員の「気持ち」をより大きな変化への期待に変えるには、経営層が社員と一体となって本気でこの会社を変えようとしているという覚悟を示すことが必要だろうという判断がなされた。

どのように覚悟を伝えたのだろうか？ 1つ目は数値で伝えた。本施策をアナウンスしてから数カ月で150回、1600人以上がこの会に参加した。もう1つは行動で伝えた。今回の対話会のホストを行う役員や本部長クラス全員が、社員の声に十分に耳を傾けるための体験会に参加した。自分たちが対話会の参加者になって意見を出してみる体験会を通して、どういう反応をされたら本音が言いやすいのかを経験を通して学んだのだ。社員にのみ行動を求めるのではなく、経営陣が率先して自分を変える行動を本気でとる。その姿は社員の「気持ち」をより前向きに動かしたはずだ。

この取り組みは2分ほどの動画にまとめられ、愛三工業の採用公式チャンネルから見ることができる。ぜひこの動画を見て、「愛三カタリバ」がどのように社員に受け止められたのかを感じ取ってほしい。

「愛三カタリバ」で検索、ないしは次のURLを入力

https://youtube.com/watch?v=fRXCxIA6P6U

②モビリティ関連製造企業　日々と未来へのワクワクを醸成する

　この会社は顧客に対してのみならず、会社で働く社員にも感動を創り届けていくことを企業パーパスとして位置付けている。社員が自社で働く中で感動的な経験ができるように、エンゲージメントスコアの目標値も非常に高く設定されており、日本の製造業平均と比較しても10％以上高い数値となっている。その高いゴールを目指して、会社としてさまざまな人的な施策を打ってきた。

　複数年にわたるエンゲージメント調査の結果は、それらの施策が着実に効果をもたらしエンゲージメントスコアを向上させてきたことを示すと同時に、仕事を通しての達成感や働きがいの醸成に伸びしろがあり、目標値の達成に向けて越えねばならない壁となっていることも示していた。

　さらに詳しく調査結果を分析したところ、大きく2つの課題があることが分かった。1つは、日々のワクワク感を醸成すること、そしてもう1つは未来へのワクワク感を醸成することである。前者のワクワク感は、日々の仕事が面白く、そして自身のスキルや能力を生かしているという感覚であり、後者はこれまでやってきた、ないしは今やっている仕事に将来性を感じ、自身のキャリア目標を達成できるだろうという感覚を指している。

これまでエンゲージメント向上に関する施策を複数年にわたって推進してきたこの会社において、ワクワク感の醸成に資する施策が十分に打ち切れていない領域はどこなのだろうか？　それを調べるために、これまで会社が行ってきた既存の人的施策を洗い出し、その施策の位置づけを2つの軸で整理し直した。

1つ目の軸は社員が該当する施策を経験、意識する頻度についてであり、日ごと、週ごと、月ごと、四半期ごと、年ごと、3年ごと、10年ごとに分類した。2つ目の軸は、該当する施策がワクワク感の醸成につながっているか否かであり、「つながっている」と「つながっていない」に二分したうえで、「つながっていない」については「ワクワク感につなげる意図があったにも関わらずつながっていない」と「そもそもワクワク感につなげる意図がない」にさらに分解した。

整理の結果、日々頻度高くワクワクを感じるような施策が不足しており、また未来へのワクワクを感じるような、数年に一度のキャリアを変える後押しをする海外研修や留学、リーダーシップ開発プログラムのような施策は、ごくごく一部の選抜された社員のみにしか提供されていないことが分かった。その領域に対して、新たに施策を打つのであればどんな施策を打つべきか、ないしはワクワクにつながっていない既存施策の位置づけを変え、

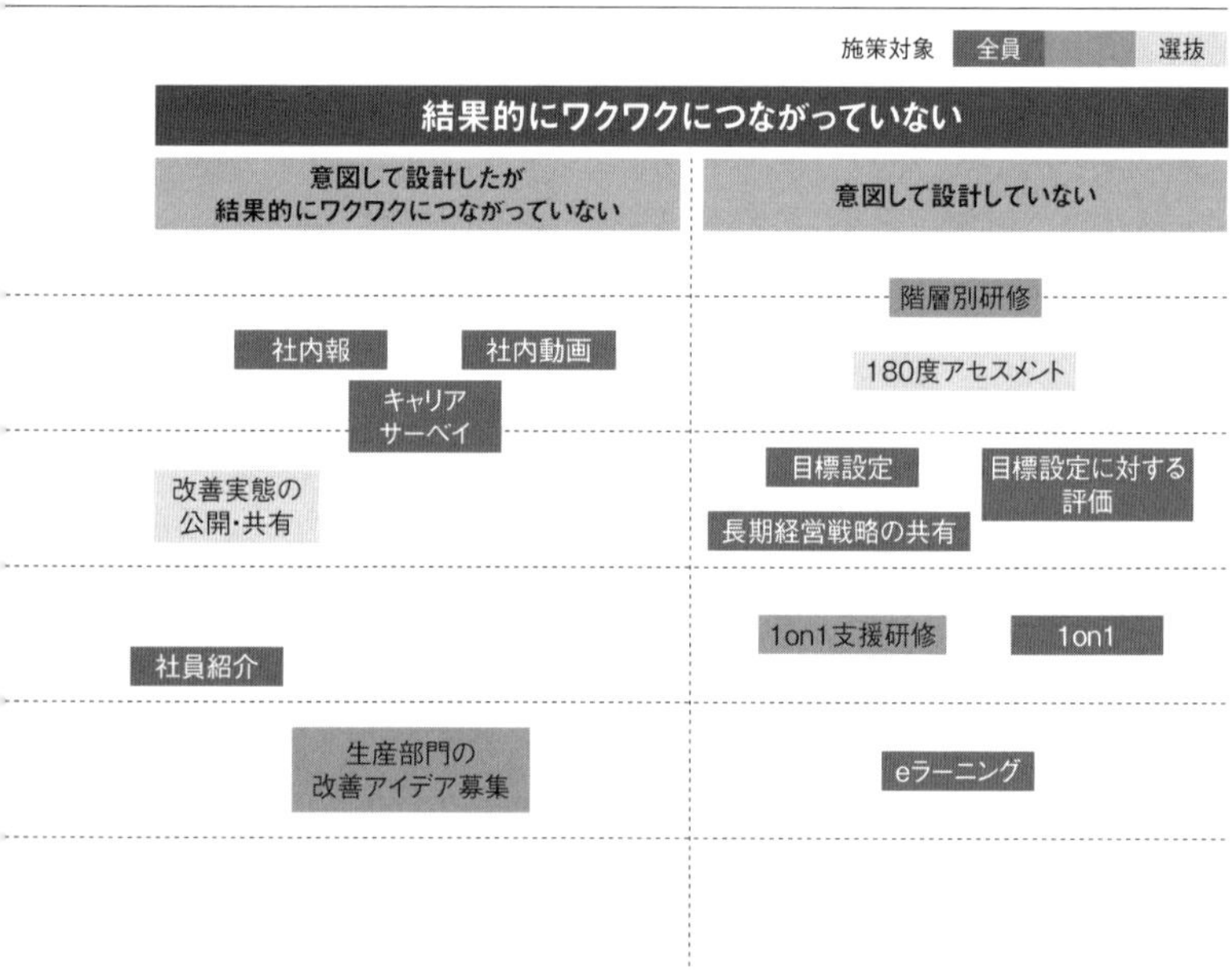

ワクワクにつながるようにどのように改善していくべきかについて検討を行うこととなった。

しかし、社員のワクワクにつながる施策など、どのように発想すればいいのか？　むやみやたらに考える前に、ワクワクにつながる施策が持つべき3つの要素を事前に定めた。それは、A.さまざまな視点が交わること、B.自由になって発想すること、C.経営と従業員が誇りを持ち、前向きになれることである。

より具体的に言えば、1つ目の要素は、選ばれた社員や似た

既存の人的施策の整理

施策名については一般的な名称に変換してあります。

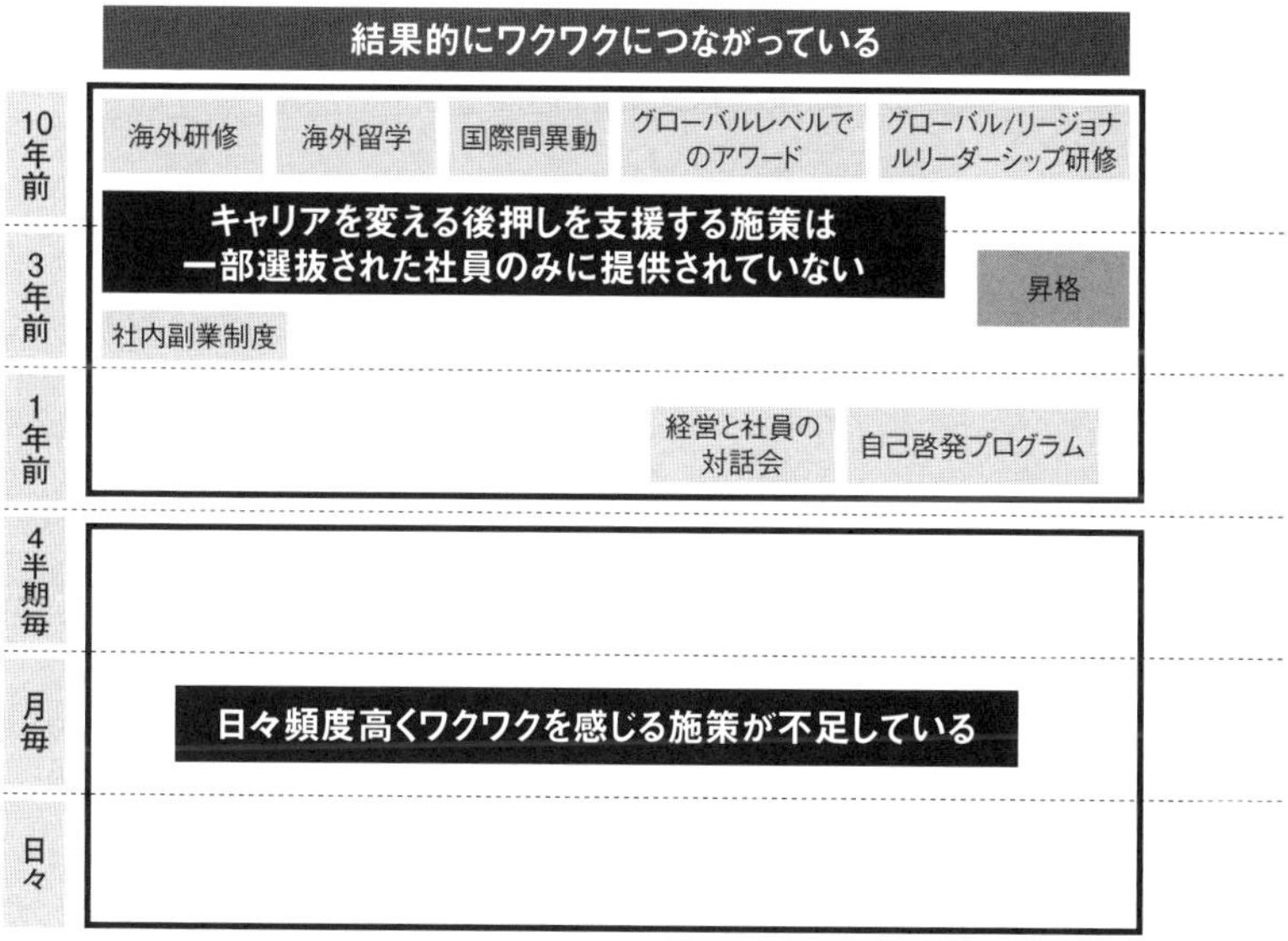

者同士が集まるのではなく、多くの社員が参加でき、多様な者が集い交流できること。2つ目の要素は、目の前の仕事や会社・業界の常識に縛られることなく、視点を変え、ゆとりをもって自由闊達に発想できること。3つ目の要素は、もしかしたら日本の製造業全体で必要とされている要素かもしれない。それは、この施策を通して、経営や従業員が自身の組織や仕事に誇りを持ち、前向きな気持ちになれること、である。この会社をはじめ、日本のモノづくりは芸

術とも呼べる技術の結晶である。一方でメディア上では日本の製造業の将来に対して、悲観的な意見も多くみられる。例えば、自動車の電動化に乗り遅れているのではないか、アジアの他国の安くて質のよい電化製品に駆逐されてしまうのではないか、といった議論である。そういった声は環境変化への適応を促す役割を担ったが、それと同時に製造の現場で働く人々の誇りを少しずつ削り取っていった。ワクワクにつながる施策は、その会社で働く人々の自信を回復し、前向きな気持ちにするものであるべきである。

これら3つの要素を満たす施策として、スポットライトの当たりにくい組織や個人に、さまざまな評価軸で光を当て大規模に表彰するMVP制度、自分が目指したいキャリアの解像度を上げるためのさまざまな人のキャリアストーリーがまとまったカタログの作成、キャリアについて上下関係のない場で共有し合うピアサポートグループ、自身が関心を抱いている仕事の実体験ができる付き人制度などが発案され、順次実行のための準備が行われている。

各施策とともに、詳細を検討する際には、ワクワクを醸成するための3つの要素を満たしているのか、本当に社員をワクワクした「気持ち」に変えられるのか、施策の対象となる社員にフィードバックをもらいながらさまざまな工夫を凝らしている。

例えば、スポットライトの当たりにくい組織や個人をさまざまな評価軸で大規模に表彰する制度の構築にあたっては、人前で表彰されることが「気恥ずかしい」と思う社員が一定程度いることが分かり、どのような工夫が必要か、議論を重ねた。

この施策の目的は、①目立たずとも地道に会社のパーパスやバリューを支える社員にスポットライトを当て、やりがいを感じてもらうことと、②業績評価以外の軸でも、社員同士が認め合い尊敬し合うさまざまな視点に気づいてもらうことであった。当初は、一例として「組織の中における縁の下の力持ち」は誰かということをアンケートで集め、投票が多かった人を表彰し、その具体的な理由と共にポスター化するという案が出された。

しかし、企画段階で行った若手社員へのヒアリングから、そのように目立つ形で表彰されるのは「気恥ずかしい」という声が出された。そこで、表彰された個人と選出された理由を切り離し、別のまとめ方をすることで「気恥ずかしさ」を最小化する手段を採ることとなった。具体的には、受賞した本人が目立ちすぎずに、自分自身が認められたということを自覚できる100人規模単位でのモザイクアートを作成すると同時に、その選出理由については個人にはひもづけず、ワードクラウドのような切り離したアートを作成することとした。それによって気恥ずかしさを与えずに、認められる場をつくると同時に、受賞理由を通して仕事の中で互いに認め合う多様な視点に気づく場としても機能させることが可能となった。

③重機関連製造企業　自律的なキャリア開発意欲を刺激する

キャリア開発ほど、会社の施策と社員の「気持ち」がかけ離れているテーマはないだろう。一般的にベストプラクティスと呼ばれるキャリア開発プロセスは、多くの社員にとって実践したいと思わせるものにはなっていない。この企業ではタレントマネジメントシステムを数年前に導入し、そのシステム上でキャリア開発業務を行っていた。社員は、システム上に提示されるキャリアモデルの一覧から、自分が目指したいキャリアモデルを選ぶ。そうすると、キャリアモデル達成までのステップと各ステップに必要な経験や能力が表示される。そして現在の自分の積んできた経験や能力との差異がハイライトされ、その差異を埋めるための学習を主とする開発計画の記入を求められる。そしてその計画の進捗を定期的に報告・入力するという具合である。しかし、このプロセスは稼働後1年もたたず形骸化し、3年後にはシステムを停止、一から構想を練り直すといった結果になってしまった。

なぜこのキャリア開発プロセスはうまく社員に根付かなかったのだろうか？　この会社

における管理職の意見をヒアリングしたところ、システムの使い勝手が悪かったことが原因だという意見が大勢を占めていた。しかし、実際にキャリア開発計画を入力させられる当の社員からは全く異なる意見が多く聞かれたのである。それは「システム上で最初に表示されるキャリアモデルの中に、魅力的な選択肢がなかった」という意見であった。このヒアリング結果には、管理職もシステム導入を行ったプロジェクトのメンバーも驚いた。自律的なキャリア開発の実現に重要なのは、プロセスやシステムといった「仕組み」をどう作るかではなく、そのキャリアを目指したいと欲する社員の「気持ち」をどう作るかだったのだ。

この会社だけではなく多くの会社が、この当たり前の事実に気付かず同様の失敗に陥っている。そのような失敗に陥る最大の理由は、キャリア開発というテーマを会社視点だけで作り上げてしまうことにある。例えば、会社が提示する「社員が目指すべきキャリアモデル」は、会社にとって必要な職種や役割が網羅的に定義されている一方で、社員にとってはそのモデルが自身の職業人生をかけて本当に目指したいと思えるほど魅力的に描かれていない。また、複数の日本の製造業へのヒアリングで明らかになったことだが、中堅と呼ばれる40代の社員に入社何年目でキャリア目標を意識し始めたか聞いたところ、ほとんどが入社10年以降という回答だった。すなわち、「中長期的に目指すべきキャリア目標」の解像度は仕事をしていく中で、少しずつ高まっていくものであり、会社の都合で「自律的なキャリア開発」などと言われ、急いで立てたとしても魂がこもっていないものになってしまうのは必然の結果である。

ではどうしたのか? まず従来のキャリアモデルの魅力を掘り起こし、社員に興味をもってもらう施策を実行した。施策のイメージは村上龍の「13歳のハローワーク」の企業内バージョンである。キャリアモデルに近しい職業人生を歩んだ社員に対して、インタビューを行い、これまでの経験の中でうれしかったこと、つらかったこと、乗り越えた壁、偶然の出会い、大切だと思う能力を幅広く回答してもらう。それらを絵本のように簡単に眺められるようにビジュアライズ・製本し、社員に興味を持ってもらえるようにした。これも普段の仕事の中でその本を渡してしまうと一瞥もしないで奥底にしまわれてしまう可能性が高いため、年末年始、会社からのお年賀と共に自宅に送付し、家族で眺められるようにするなどの工夫も随所に凝らしている。

次に、トップパフォーマー以外が置いてきぼりにならないキャリア開発支援施策を充実させた。トップパフォーマーは自身のキャリア目標が既に明確であったり、その目標達成のために会社の制度をうまく利用したり、はたまた待っているだけで特別な研修プログラムに選抜されたりする。しかし、この会社の社員のほとんどの社員がその逆だという実態が見えてきた。キャリア目標はそもそも解像度が低く、乱立した会社の制度は複雑で全体像が把握できず、そして会社からキャリア開発について積極的に気にしてもらえることもない。そこで、キャリア目標の解像度を上げるための支援と会社の既存のキャリア支援施策の全体像と活用シーンの整理を行った。まずキャリア目標の解像度を上げるための支援については、先ほどの「13歳のハローワーク」の企業内バージョンを読み、興味を持った職種に対して1日付き人のように仕事を体験できる制度を立ち上げたり、そのような体験をしてきた人と話ができるピアサポートグループなどを定期的に開催したりした。会社の既存のキャリア支援施策の全体像と活用シーンの整理については、これまで乱立していた施策、例えば公募による異動や学習の補助、相互扶助のためのコミュニティーなどを全て洗い出した。その上で、キャリアの選択肢の幅を知りたい、興味のあるキャリアモデルの解像度を高めたい、キャリア目標を達成するにあたっての支援を受けたいなどシーン別に施策を整理しなおし、社員に対して新キャリアプログラムとしてリブート(再起動)させた。

これらの施策を通して、この会社ではシステム導入のような「仕組み」から変えるのではなく、社員が自身の職業人生をかけて目指したいキャリアを考えるための期間と支援を与え、意欲を高めることを目指した。その結果、キャリア関連施策の利用率が高まり、少しずつ自身が進みたいキャリアを自律的に考える社員が増えてきている。

これらの事例に共通して言えることは、何だろうか？　この章で一貫して述べている通り、会社の「仕組み」のみならず、社員のさまざまな「気持ち」にフォーカスを当てている点である。社員は、やる気に満ちて、積極的で、目立つことが苦にならない人ばかりではない。自分の意見を表明することが苦手だったり、受動的だったり、あまり人前に出るのが得意でなかったりする人もいる。今回の施策のターゲットとなる社員はどんな人で、どんな「気持ち」になってほしいのか、その人たちに真剣に耳を傾け、向き合い、考え抜く必要がある。

「働く場」としての差別化された魅力の訴求――エンプロイヤーブランディング

このような施策を実施した後は何をすればいいのだろうか？ 先の章で述べたように、これらの施策のＫＰＩをモニタリングし、ＫＧＩへの貢献度合いを測り、改善を繰り返すＰＤＣＡサイクルを回すことが求められる。そのサイクルの中で、社員の「気持ち」をどれだけ前向きに変化させることができたかの効果を明らかにすることができる。

しかし、それだけではもったいない。「働く場」として自社独自の価値を宣言し、それを真摯に実行し、結果的に社員の「気持ち」を動かすことができた事実は採用市場にいる社外の人材を惹きつけることができる。企業が求めるであろう、自社の価値観にあった人材であれば、なおさら惹きつけられるだろう。このように、社外に対しても自社の「働く場」としての魅力を訴求していくための活動を、エンプロイヤーブランディングと呼ぶ。

エンプロイヤーブランディング（Employer Branding）とは、雇用主、言い換えれば「働

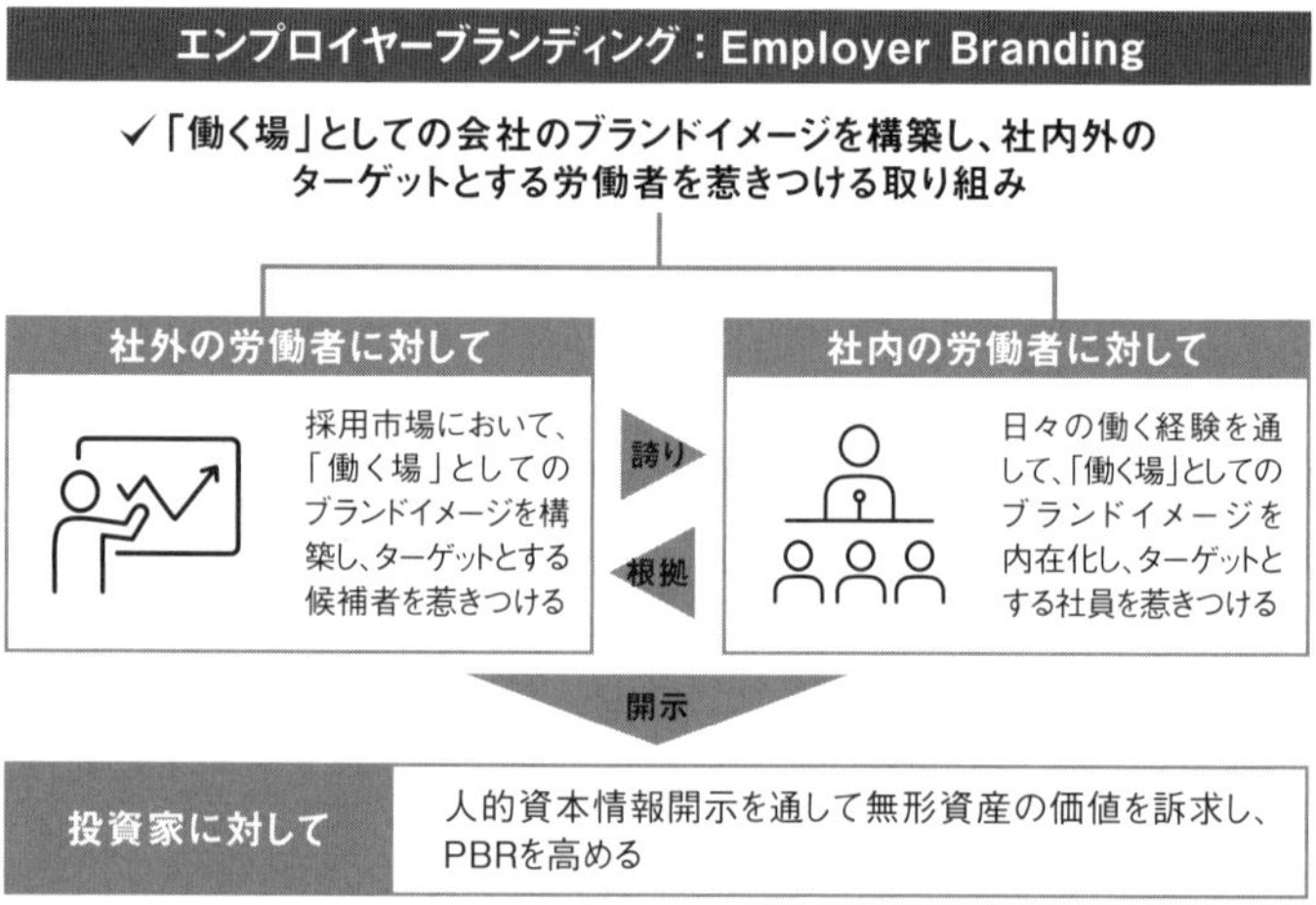
エンプロイヤーブランディング：Employer Branding
✓「働く場」としての会社のブランドイメージを構築し、社内外のターゲットとする労働者を惹きつける取り組み
社外の労働者に対して
採用市場において、「働く場」としてのブランドイメージを構築し、ターゲットとする候補者を惹きつける
誇り
根拠
社内の労働者に対して
日々の働く経験を通して、「働く場」としてのブランドイメージを内在化し、ターゲットとする社員を惹きつける
開示
投資家に対して
人的資本情報開示を通して無形資産の価値を訴求し、PBRを高める

く場」としてのブランドイメージを構築し、社内のみならず社外の労働者をも惹きつける統合された取り組みを指す。ここで注目すべきは、社内と社外の取り組みは互いに強く影響し合うため、一つの戦略に基づく取り組みである必要があるという点である。

対するものとして、採用ブランディングやインナーブランディングという概念がある。採用ブランディングは採用市場に対して行う活動、インナーブランディングは社員に対して行う活動、と切り離されている。それゆえに、採用ブランディングで外面だけをよくしたが大して中身がなかったり、インナーブランディングとして社員に対して面白い施策をやっていても社外にはそれが伝わっていなかったりする。それに対し、エンプロイヤーブランディングは人的資本経営という1つの枠組みの中で社内外の労働市場に対して統合された魅力を伝えていく取り組みである。

ブランディングという活動は多岐にわたるが、なぜ「働く場」としてのエンプロイヤーブランディングが別途必要なのだろうか？　コーポレートブランディングやカスタマーブランディングという言葉を知っている人は非常に多いはずだ。それらとは別にエンプロイヤーブランディングを行う必要性はどこにあるのだろうか？　1つのエピソードを紹介する。

米国にある銀行が30年以上前から〝私たちの銀行は眠らない〟というスローガンのもと、カスタマーブランディングを行っていた。当然、このスローガンは顧客に対して24時間いつでも寄り添うということを訴求するためのものだった。しかし2000年代初頭にはこのスローガンを取り下げる方針を発表した。なぜか？　そのころ、既に多くのユーザーを取り込み始めていたYouTube上に、そのスローガンを皮肉ったフェイクCMがアップされ、多くの再生数を記録したのだ。

内容は、その銀行の社員が24時間眠ることができずに苦しみ続けるといったものだった。いまだにこのフェイクCMはYouTube上で拡散され続けている。このエピソードは、

さまざまなブランディング活動とその関係性

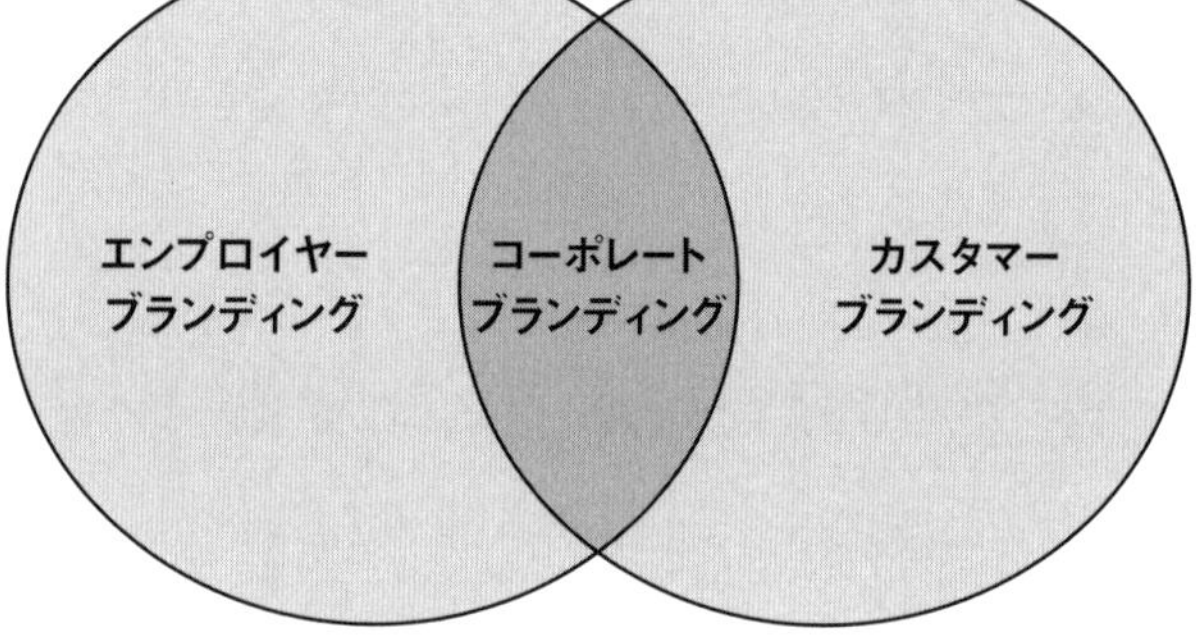

エンプロイヤーブランディングとカスタマーブランディングはターゲットが異なるため、訴求する価値も異なるということを鮮明に示している。一方で、コーポレートブランディングは、その2つが矛盾することをなくすための〝かすがい〟として機能する。

LinkedInの調査によれば、コーポレートブランドやカスタマーブランドが就職検討に与える影響（相関係数＝0・28）は、エンプロイヤーブランド（相関係数＝0・59）ほど大きくない。すなわちその企業のブランド力が高かったとしても、人材の獲得や定着のためには別途エンプロイヤーブランドを高める必要があることを示している。

国内外での事例を紹介しよう。1つ目は米国の歴史ある重工業企業の事例である。米国の企業は人材の不足と人材の高い流動性があわさって、求めるスキルを持つ人材を採用するのに非常に苦心している。せっかく育成したと思っても競合他社に引き抜かれてしまう。かつてのこの企業もそうであった。

重工業ビジネスにおいても、ＩｏＴ（モノのインターネット）やＡＩ（人工知能）といったデジタル技術によってビジネス環境が大きく変容する中で、デジタル人材を採用、定着させようとした。しかし、「大きな機械を作る会社」としてのイメージが影響し、難航した。そこで「確かに私たちは大きなものを創る。もちろんあなたのキャリアもその１つだ」というエンプロイヤーバリューを打ち出し、デジタルスキルを持つ人々へのエンプロイヤーブランディングを開始した。

まず、社内の人事制度を改革し、高いスキルを持つ専門人材には市場価値に応じた相応以上の報酬を払うことにした。またそのスキルが朽ちないように学習機会なども充実させた。その後、対顧客のマーケティングと同様の規模でＣＭシリーズを展開し、デジタル人材としてその企業で働くことの魅力を労働者に訴えかけた。

ＣＭでは、例えば米国でドットコムバブルの真っただ中、顔写真に猫のヒゲを付けるだけのアプリを作ってちやほやされるデジタル技術者と、病院や発電所などの大規模な施設において人々の生活をより良くするために働くデジタル技術者を対比させて、あなたはどちらになりたいか、ということをコミカルなトーンで描き出し、この重工業企業に身を置き、自分の望むキャリアに近づいていく社員のイメージを全米に訴求した。結果、その会社は1年間でデジタル人材の応募者数を8倍に伸ばすことができた。

2つ目は国内の事例である。こちらは日系のテクノロジー・メディア企業である。この会社は「成果次第で自分の事業を持てる」といったエンプロイヤーバリューを訴求することで、チャレンジや成長の意欲の高い人材を惹きつけている。

入社数年目の事業責任者数を公開しており、その制度を「新卒取締役」と銘打って打ち出している。この施策は入社数年で管理職になれるという仕組みとしての驚きがある。加えて、実際は係長・課長クラスの権限だったとしても、分社化し、タイトルを取締役とすることで、ユニークさをアピールしており、表現としての驚きも兼ね備えている。この両面があるからこそ、見る人は「おもしろそうな会社だ!」と思うことができるし、「ここでチャレンジしてみたい」と思うことができる。結果、「チャレンジや成長ができる会社」であるというエンプロイヤーブランドが形成されている。

これまで、採用市場に対してのエンプロイヤーブランディングについて説明してきた。しかし、人的資本経営が叫ばれる今、投資市場に対してもエンプロイヤーブランディングの重要性が高まっている。なぜか？ 理由は2つ。1つは企業価値における無形資産の割合が近年以上に高まっているから。もう1つは、無形資産の中でも人的資本への投資に投資家が最も関心を寄せているからである。

無形資産について簡単に説明しておこう。企業は資産と負債を持っている。これらすべてを精算した場合に残る価値が純資産といわれている。もしその企業の株式を100%保有していたとしたら、その価値は純資産と同じ額になるはずであるが、現実は株式の時価総額はそれとは乖離している。

そこで、株式の時価総額部分における純資産分を有形資産と呼び、対して、時価総額から有形資産分を差し引いて残った部分を無形資産と呼んでいる。無形資産は、会社の将来性に対する価値と考えられている。

かつては企業価値のほとんどを有形資産が占めており、それらを適切に表す財務指標が重要であった。しかし近年、米国でも日本でも企業価値に占める無形資産の割合が高まっており、それらを表す非財務指標への関心がこれまで以上に高まっている。例えば米国では、既に時価総額における9割が無形資産といわれている。ゆえに、非財務指標を投資家

有形資産と無形資産

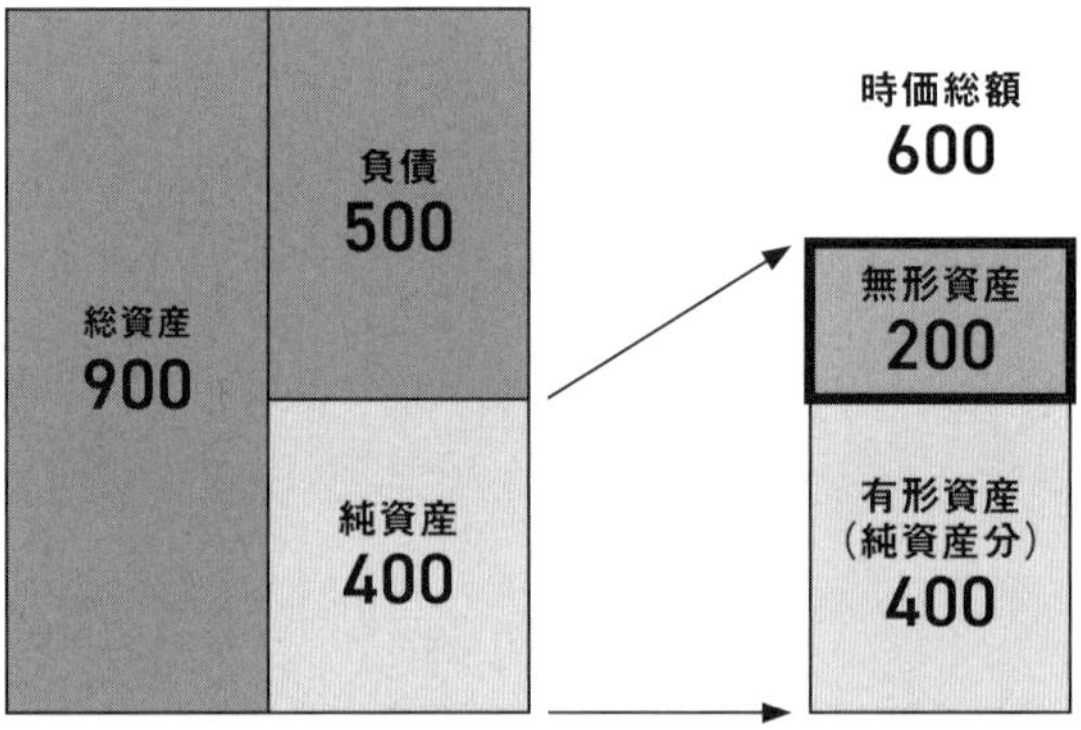

時価総額における無形資産の割合の変化

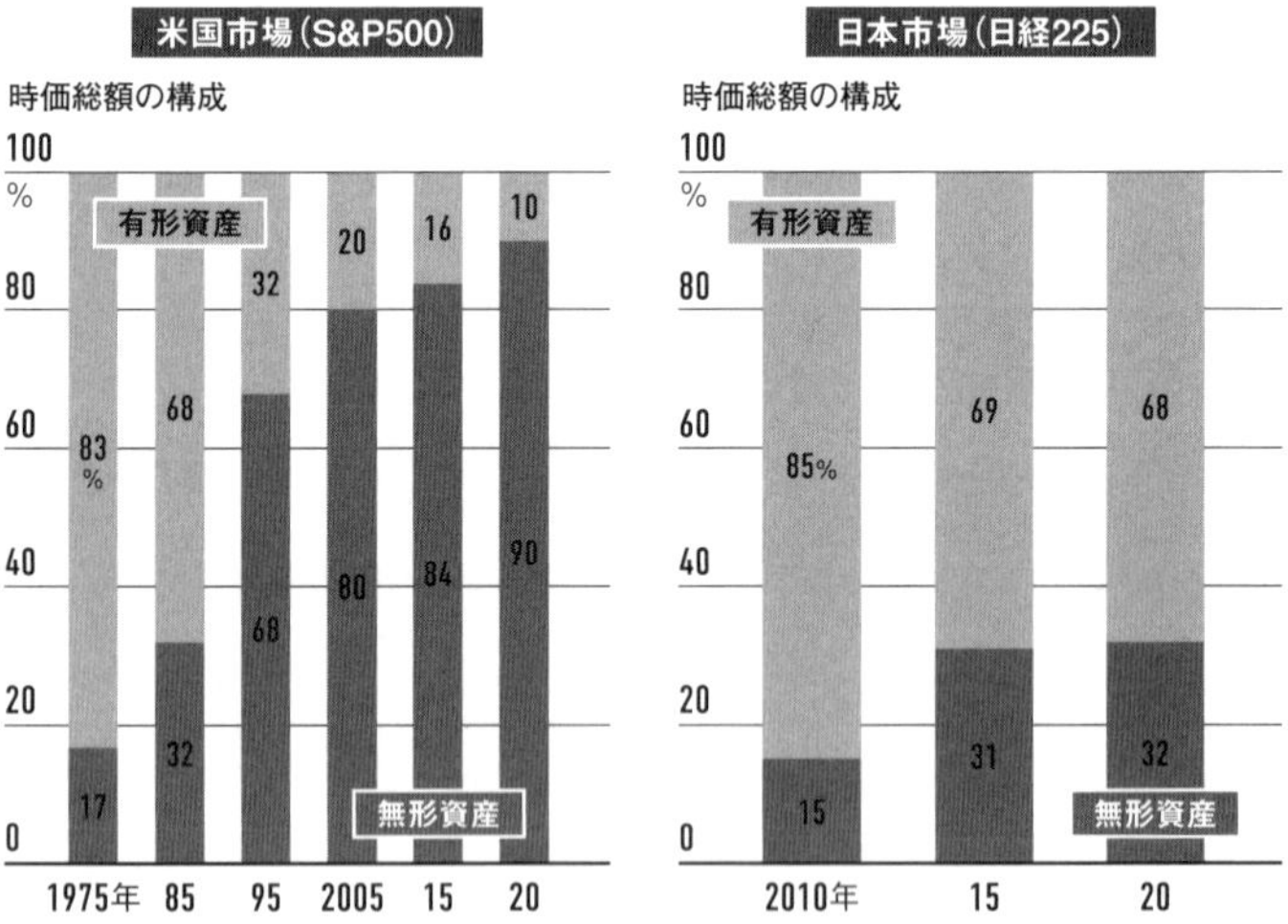

内閣官房ホームページより
https://www.cas.go.jp/jp/seisaku/atarashii_sihonsyugi/wgkaisai/hizaimu_dai4/siryou1.pdf

投資家による人的資本投資への関心の高まり

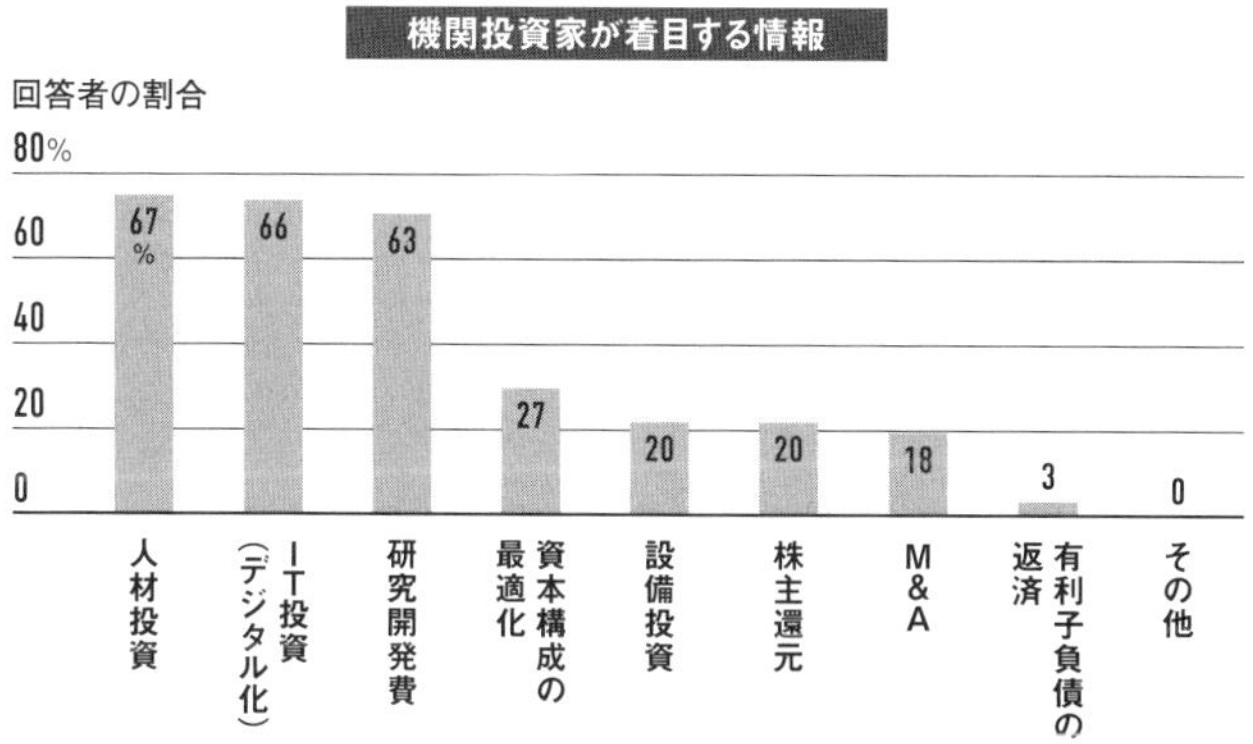

（注）「日本企業の中長期的な投資・財務戦略において、重視すべきだと考えるものをお答えください。（3つまで選択可）」という設問の回答を集計。回答数は101。
（出所）一般社団法人生命保険協会「生命保険会社の資産運用を通じた『株式市場の活性化』と『持続可能な社会の実現』に向けた取組について」（2021年4月公表）を基に作成。

内閣官房ホームページより
https://www.cas.go.jp/jp/seisaku/atarashii_sihonsyugi/wgkaisai/hizaimu_dai4/siryou1.pdf

IIRC-PBRモデル（柳モデル）

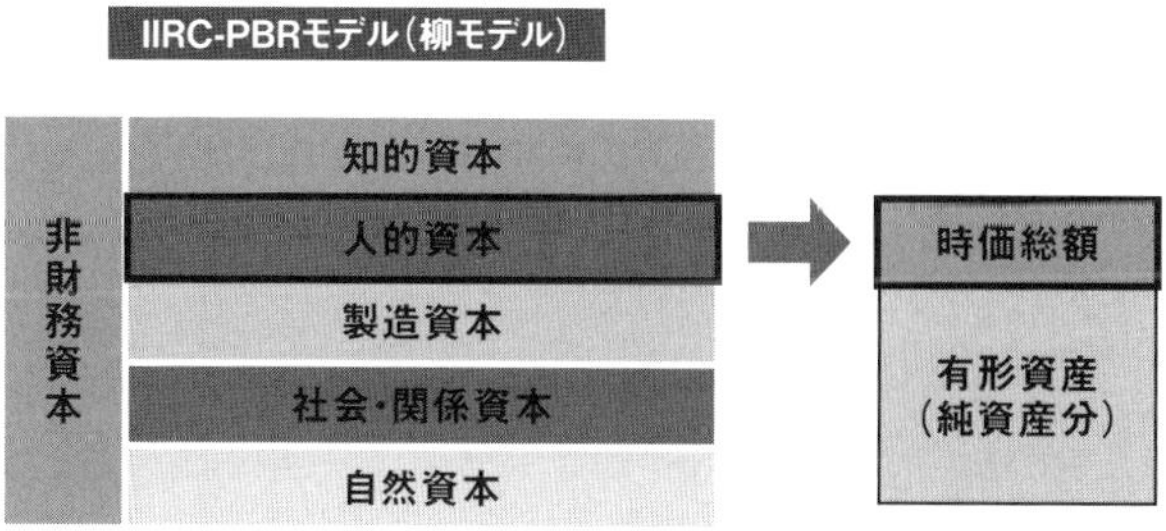

https://www.camri.or.jp/files/libs/1842/20221209081953796 3.pdf

に適切に伝えることができなければ、企業価値の大部分が正しく評価されなくなってしまう。

そして非財務指標の中で機関投資家が最も関心を寄せているのは、人的資本に関わる情報である。無形資産の価値に影響を及ぼす非財務指標のフレームワークとして有名なＩＩＲＣ－ＰＢＲモデルによれば、５つの指標の影響が強いことが実証されている。

その５つとは①知的資本、②人的資本、③製造資本、④社会・関係資本、⑤自然資本である。その中でも、人的資本への投資が、数年間の遅延浸透効果を伴いながらも無形資産の価値にポジティブな影響を与えることが、エーザイ元ＣＦＯ柳良平氏によって実証されている。

投資家をはじめとする社外のステークホルダーに対して、どのように自社の人的資本に関する取り組みを訴求していくのかについては、戦略的な人的資本の開示という文脈で次の章で説明する。

対談

愛三工業

愛三工業　取締役執行役員　**加藤茂和**氏、

聞き手はアビームコンサルティング　ダイレクター　戦略ビジネスユニット　佐藤一樹

佐藤　今、自動車産業には電動化も含め大きな環境変化が起きています。新しい事業戦略を描く上で、人に関してはどのような課題を感じていますか。

加藤　当社はここ5年ほど、風土改革に取り組んでいます。２０２０年に人事部内にプロジェクトチームを立ち上げ、女性活躍や障がい者活躍に取り組み始めました。翌21年にグループ経営ビジョン「ＶＩＳＩＯＮ２０３０」を策定し、人事テーマもしっかり組み込んでいます。新事業の推進には、多様な人財やチャレンジ精神あふれる風土が欠かせません。そこでビジョンの中では、新たな事業を支える3つの基盤として「デジタル革新（DX）による働き方改革」のほか、「人財」「風土」を掲げています。

当社では主にパワートレーン用のアクチュエーターと呼ばれる駆動部品を開発・生産していて、これらがなければ車は動きません。それだけに部品に求められる品質基準は非常に高いのです。このためルールを守るとか、与えられた仕事を最後までやり抜くといった考え方や姿勢はしっかりたたき込まれている一方で、どうしても受け身になりがち。同じことを長くやり続け、改良して進化していくのは得意な一方、今挑戦している全く新しいものをゼロから作り出すことなどは、実は苦手というのが特徴としてあります。例えば80％の自信でも「できます」と言える人と、100％の自信がないと「できます」と言えない人がいますよね。当社には、本当はできるのにできますと言わない真面目で控えめなメンバーが多く、自ら手を挙げてチャレンジする風土が弱いのが今の愛三工業の姿と言えます。

佐藤　22年に従業員エンゲージメント調査を実施されていますね。

加藤　21年ぐらいから在宅勤務制度や男性育休制度などさまざまな制度を精力的に導入してきたので、働きやすさのスコアはかなり良かった。ただ、働きがいのスコアが悪く、「会社には貢献したいが自分や会社の成長に対してやや不安」という社員も非常に多い、という結果になりました。

佐藤　働きやすさを高める改革は長年続けられてきて、それがちゃんとスコアに表れていたものの、働きがいには課題があったわけですね。そこで、働きがい改革の第1弾として「愛三カタリバ」（以下、カタリバ）と名付けた、社員と経営層の対話会を始められました。ホストを務めることになった経営層や本部長は当初、どんな反応でしたか。

加藤　カタリバでは100枚以上の写真の中から自分の意見に近いものを選び、そこにコメントを付けていく「コラージュトーク」というユニークな手法を採用したため、最初は私自身「うちでできるだろうか」と少々不安でした。事務局のメンバーでまずやってみたら、なんとかできそうだとなり、次にカタリバでホストを務める役員と本部長を対象にトレーニングを実施しました。一部には「これをやって何か意味があるの？」と懐疑的な反応もあ

愛三工業　取締役執行役員　加藤茂和氏

りましたが、概ね役員の反応はポジティブでした。全員に「現状維持という選択肢はない、とにかく変わらなければいけない」という共通認識があったからでしょう。

実際、すぐに効果が出ました。カタリバのトレーニングが始まった頃、工場の生産現場で改善報告会が開かれた時のことです。これまでは社員の改善報告に対して厳しい指摘が飛ぶ場面が多かったのですが、この時は若手技能員のロボットティーチングの報告に対し、役員が拍手をした。若手の技能員が自ら「これをやってみたい！」と手を挙げたことを役員が賞賛したこと、これはわが社では画期的なことでした。「うちの役員は拍手の仕方を覚えました」とふざけて言っていたくらいです（笑）。

佐藤　現時点でほかにどのような効果を感じていますか。

加藤　カタリバは社員と経営層の対話を目的に始めたものですが、副次的な効果として社員同士がつながりました。カタリバではホストを含め7人から10人のグループで話したのですが、各人の発表に対して質問するなど、社員間のコミュニケーションも活発で、とても仲良くなった。今までは隣のグループや係のメンバーでも何をしているか意外と知らなかったり、話したことがあまりなかったりしたので、非常に手応えのある活動だったと思います。

　カタリバではお茶菓子を頬張りながら、普段にない柔らかな雰囲気でできたのは良かった。いつも無口な人がしっかり自分の意見を表現していたのも印象的でした。機会さえ与えられれば、ちゃんと話せる人が意外と多いというのは発見でした。逆に、会議などでは上司が話すばかりで、メンバーの意見を聞いていないのだなと反省しました。

佐藤　実際にカタリバに参加した社員からはどんな声が上がっていますか。

加藤　社員アンケートの結果では「会社が本気で変わろうとしていることが分かった」というポジティブな意見が7割を占めました。最初の一歩目としては、とても良い活動だったと思います。自由意見には「部門をまたいでやりたい」「技術的なテーマでもやりたい」とか、「1時間があっという間だった」「時間が足りず本音が言えなかったから、次は本音を言いたい」「あの怖い役員がちゃんと話を聞いてくれた」といった声が上がり、社員と経営層との距離が縮まってきたなと実感しています。

今後難しいチャレンジをしたり、労働人口が減る中でも優れた人材を確保するといった人事の課題を克服したりしていくために、我々の会社が社員みんなとつくりあげていきたい働きがいある会社・職場のコンセプトとしてのEVP（Employer Value Proposition）を定義しました。「どんな小さなあなたの声も、会社を変える原動力に」「キャリアを描く、あなたの色で」「寝る前に、幸せを感じられる毎日を」の3つです。今、この3つにまとめた背景・想いについて役員に説明しています。まず彼らにしっかり理解してもらい、コンセンサスを得なければならない。人事が言っているだけにしないためです。カタリバもし

アビームコンサルティング　ダイレクター　戦略ビジネスユニット　佐藤一樹

っかり準備したからこそ成功した。この経験から準備が大事だと学びました。みんなで共有して、いい会社にしていきたい。上記のコンセプトと、そこに込めた想いを社内に浸透させていくため、入念な準備をしているところです。

佐藤　カタリバだけを取ると、奇をてらったことのように見えるかもしれませんが、その裏にはしっかりとした戦略があり、EVPにきちんとひもづけているのですね。

加藤　カタリバは対話が目的ではありません。対話によって新しい気づきを得て行動に移す、いい雰囲気で気持ちよく仕事する、困ったときにきちんと相談する、そして最終的に成果を出す、そこに向けて労使一体となって、会社をこう変えていこう、よくしていこうという、良い形で今議論ができています。全員活躍が私の持論です。それぞれにフィットする配置ができれば、誰しも活躍できる場が必ずあると私は本気で思っています。

佐藤　改革をさらに推進していくために、今後どのような挑戦をしていきたいですか。

加藤　社員には、自分の仕事にプライドを持ってもらいたいと思っています。自動車産業は危機的局面にありながら、新たな開発にも挑んでいます。今の状況はピンチであると同時に、チャンスでもある、そう捉えれば元気が出ます。だからこそ、社内の空気をポジティブで前向きなものにしていきたい。その施策の1つとして、外向けのPRを考えています。我々は最終製品を作っていないので、一般消費者の知名度が低い。近い将来、当社の陸上部が出場する「ニューイヤー駅伝」(全日本実業団対抗駅伝競走大会)でテレビCMを流したいと思っています。CMを通じて私たちの会社を多くの人に知ってもらうことが、社員の自信にもつながると思うのです。

佐藤　愛三工業が抱える課題は、日本の製造業共通のものではないでしょうか。誇りを取り戻せれば必ず復活するし、未来は明るい。今回の取り組みは、僭越ながらある意味で日本の製造業を救うものと捉えています。ぜひ今後とも一緒にやっていきたいと思っています。

愛三工業株式会社取締役（事務統括、原価統括、ＩＴ・ＤＸ担当）　**加藤茂和氏**

１９８７年、トヨタ自動車株式会社入社。同社経理部企画室長、トヨタ自動車（中国）投資有限会社執行副総経理を経て２０１９年、愛三工業株式会社執行役員。２０２０年から愛三工業取締役執行役員。

第5章

最高の対話のために開示する

HUMAN
CAPITAL IMPACT

やらされ開示はもうやるな

クライアントと会話をする中で、「人的資本可視化指針の指標は何を開示したらよいか」「収集可能なものは開示できるように準備を進めていっているが全部開示すべきなのか」といった質問を受けることがよくある。また、とりあえずＩＳＯ３０４１４の指標に合わせたＨＲデータのダッシュボード開発に着手し始めた、といった話もしばしば聞く。

各社開示のための指標管理の必要性を受け止めながらも、何がゴールなのかはっきり見えない中で、少々戸惑いながら実務に取り組んでいる様子が伝わってくる。果たして、どのように開示に向かい合えば良いのか。この章では開示の意味合いの捉え方、具体的なアプローチを解説していきたい。

グローバルで人的資本情報開示の義務化が進む中、日本国内でも、有価証券報告書への記載や政府による「人的資本可視化指針」の公表など、開示に向けた動きが急速に活発化し、対応を進めている企業は実態として増えている。アビームコンサルティングが２０２２年に実施した調査でも、開示への関心が高く、約半数の企業が既に開示を行っており、他半数も開示の準備中といった結果となっている。

一方で多数の企業と会話する中では、開示について認識し取り組んではいるものの、義務化が進む中でできるだけ多くの指標の数字づくりに奔走し、やらされ感を感じながら、目的意識が薄まっている状況が生じていることも感じさせられる。指標はそもそも達成状態や進捗状況を測るためのものであり、やみくもに開示すれば良いものではない。内外のガイドラインで具体的な指標として、さまざまな事例が明示され乱立していることや、義務化がどこまで進むのか不透明のまま動向をやきもきしながら対応していることが、各社のストレスのもとになっている。

今後のプロセスや最終的なゴールが明確に見えない中で、手段づくりだけが先行した取り組み状況にあると言っていいだろう。事実、人事企画系部署において、指標管理を役割とする担当が設置され、多大な工数をかけて関係部門と指標設定に奔走したり、データ収集プロセスに奔走したりしているうちに1年が過ぎていくというのが、多くの担当者の実感でもある。

この状況をどう打開していくのがよいだろうか。まずは、指標の性質を正しく理解し、目的意識を持って、本当に意味のある指標を検討した上で、効果的な開示項目を定義することが先決となる。

「持続的な企業価値の向上と人的資本に関する研究会 報告書（通称・人材版伊藤レポート）」では「規定演技」と「自由演技」という言葉で指標の性質が語られているが、その性質は4つに大別して整理できる。

対象制度・参照先

- 人的資本経営コンソーシアムの「実践分科会」、「開示分科会」の紹介事例　など

- コーポレートガバナンス・コード（東京証券取引所）
- 人的資本可視化指針（内閣官房）
- ISO30414（国際標準化機構：ISO）
- 世界経済フォーラム：WEF
- SASBスタンダード、GRIスタンダード

- ベンチマーク対象会社の開示指標
- 高PBR企業が開示傾向にある指標

日本
- 金融商品取引法、女性活躍推進法　等

海外
- Regulation S-K（米国）
- 非財務報告指令（欧州）

開示における4つの指標の分類

人的資本経営における指標を以下の4つの種別に分け、それぞれについて取り扱い方針を定義

	指標種別	開示指標の取り扱い方針
—自由演技— 各社の戦略と連動しストーリーに沿って開示・管理	価値訴求型指標	●個社“ならでは”の施策と指標を管理する ●業績と連動して語ることで、企業価値の向上に寄与する
	ステークホルダー関心事に係る指標	●国内、海外の機関から出されているガイドや開示基準に従い、情報開示を行う ●ステークホルダーからの開示への期待に応える
—規定演技— 開示は必須。他社比で劣る箇所は改善アクション含めて開示	デファクトスタンダード型指標	●制度やガイドに紐づかないが、各社開示することが主流となっている、または今後なると見込まれる指標 ●同業他社とのベンチマークで上回っている箇所を特定し、投資家や労働市場へ訴求する
	開示義務的指標	●法令により開示が義務付けられているため対応が必須 ●海外については上場先の国・地域（米国・欧州）のルールに従う必要あり

1つ目は、「価値訴求型指標」である。これは自社ならではの戦略に則って定義され、開示する指標である。各種ガイドラインの指標区分を意識しながらも、自社の人的資本投資のメカニズムとその進捗を具体的に語るためのものだ。開示においては本質的にこの指標が最も大切であり、これを定義することが人的資本経営成功の鍵を握っていると言って過言ではない。

2つ目は、「ステークホルダー関心事に係る指標」である。開示においては、対話の相手先であるステークホルダーは無視できない。自社ならではの人的資本経営を立案し、そのストーリーと指標を大いに語りたいところだが、一方で投資家や労働市場、従業員（企業によっては地域社会や顧客、サプライヤーも対象となり得る）が当社に何を期待しているのか、関心を持っていることは何であるかを捉え、同業内で開示が主流または今後見込まれる指標について同業他社に比してベンチマークで上回っている箇所を特定し、対話ができる指標を定義し開示していくこともまた重要なのだ。

3つ目は、「デファクトスタンダード型指標」だ。これは、各種ガイドラインに基づく指標群の総称と読み替えてよい。これらの指標は、ガイドライン策定の各機関が多くの研究を重ねた、企業価値向上に資する人的資本の指標として意味がある。最適なものを体系的に整理したものであり、非財務指標管理の道しるべとして優れたものと言える。

ただし、各種ガイドラインの指標群すべてを網羅的に収集、モニタリングしていくことが最良の手とは言えない点に注意が必要である。なぜなら大局的にはグローバルと日本の商習慣、組織習慣の違い、さらには個社の業種業態や成長のステージ、現在の経営戦略、人事戦略の状況によって一つひとつの指標の重要性、意味合いが異なってくるからだ。

また指標群、指標数も非常に多岐に渡るため（例：ISO30414であれば、11の項目群58の指標で定義されている）、実務上すべての指標を収集し、モニタリングするには多大な工数がかかる。義務化の動向は見据えながらも、ライブラリ的に参照し、有効なものを取捨選択する判断が必要である。

最後の4つ目は開示義務的指標だ。既に国内外で法令化されているものを指し（国内：金融商品取引法、女性活躍推進法等、海外：Regulation S-K（米国）、非財務報告指令（欧州）など）、国内外の法令を正しく把握し、各国の基準に合わせた適切な対応をしていくことが求められている。これらは情勢を正しく理解し、企業として遵守を徹底することに尽きると言える。

このように指標を4つの性質で区分けし、自社の方針を明確にした上で対応を行っていくことが重要である。直近の日本市場においては統合報告書やHRレポートを通じて開示が進んできてはいるが、まだまだ各社とも試行錯誤中であり、多忙な人事部門がその1パートを担っている状況だ。この結果、書かれている内容から他社との差別化が読み取りにくかったり、開示指標についても普遍的に求められる取り組みに係るもの（ダイバーシティー&インクルージョンや労働環境に係る指標など）に限られていたり、指標とストーリーが一貫性をもっていなかったりといったケースが多々見受けられる。

アビームコンサルティングが調査した日経プライム企業2022年の全開示指標のうち、実に49・9%がダイバーシティー、または、組織の健康や安全、ウェルビーイングに係る指標で占められていた。不必要なものでは当然ないものの、そこには、戦略的開示ストーリーが十分に練り切れていない、あるいは「やらされ感」の中で開示データを作り上げている実態が滲み出ているのではないか。せっかく工数をかけて開示を行うのであれば真に社内外への訴求力を持ち、ステークホルダーとの対話ツールとしても一定効果のあるものに仕立てていきたいものであり、それこそが各社の開示に求められているものであると言えよう。

次項では、やらされ感から脱却し、生き生きとした、ならではのストーリーと指標をもって開示を実現するための具体的なアプローチについて解説していきたい。

なお、以下の図は人的資本開示のカテゴリはアビームコンサルティングが各種ガイドラインを調査し、概ね22のカテゴリに集約されている事を確認し整理したものである。

【参考】人的資本開示カテゴリの定義(1/2)

人的資本開示カテゴリ			各カテゴリの定義	開示項目の例
基本情報	従業員数	1	企業がどのくらいの労働力を確保できているかを示す領域	・総従業員数(I) ・フルタイム当量(FTE)(I)
	コスト	2	給与や人件費など、人材にかかっているあらゆるコストについての項目を含む領域	・総労働力コスト(I) ・採用コスト(I) ・離職に伴うコスト(I)
	生産性	3	売上高や収益や、従業員一人当たりの生み出した利益等の生産性に関わる領域	・従業員一人当たりEBIT/売上/利益(I) ・人的資本RoI(I)
育成	リーダーシップ	4	CEO、CHROなど、社内でリーダーシップを発揮する人材についての項目を含む領域	・管理職一人当たりの部下数(I) ・リーダーシップに対する信頼(I) ・リーダーシップ開発(I)
	育成	5	従業員の育成・能力開発に関する領域	・人材開発・研修の総費用(I) ・研修への参加率(I)
	スキル/経験	6	従業員の有するスキルや能力に関する領域	・従業員のコンピテンシーレート(I) ・スキル向上プログラムの種類・対象等(G)
流動性	採用	7	従業員の採用に関する領域	・募集ポスト当たりの書類選考通過者(I) ・採用社員の質(I) ・重要ポストが埋まるまでの時間(I)
	維持	8	従業員の定着・離職に関する領域	・離職率(I) ・従業員定着率(I)
	サクセッション	9	CEO等の経営陣や重要なポジションの後継者育成計画に関する領域	・内部継承率(I) ・後継者候補準備率(I)
ダイバーシティ	ダイバーシティ	10	企業の人材の多様性についての項目を含む領域	・年齢、性別、障がい(I) ・経営陣のダイバーシティ(I)
	非差別	11	差別(ハラスメント含む)の発生状況に関する領域	・差別事例の発生件数、対応事例(W、G)
	育児休暇	12	育児休暇の取得や復職に関する領域	・育児休業取得率(育、G) ・育児休業者復職率(G)

育：育児介護休業法、C：コーポレートガバナンス・コード、I：ISO30414、G:GRI、W：WEF、S：SASB

【参考】人的資本開示カテゴリの定義（2/2）

人的資本開示カテゴリ			各カテゴリの定義	開示項目の例
健康・安全	安全	13	従業員の健康、労働災害に関わる領域	・労災の件数（I） ・健康・安全研修の受講割合（I）
	身体的健康	14	従業員の健康（身体的）が十分に守られているどうかに関する領域	・身体疾患による休業者数（I、W、G）
	精神的健康	15	従業員の健康（精神的）が十分に守られているかどうかに関する領域	・精神疾患による休業者数（I、W、G）
	エンゲージメント	16	従業員のエンゲージメントや満足度などの組織文化に関する領域	・エンゲージメント（I）
労働慣行	労働慣行	17	労働協約の内容や順守状況に関する領域	・平均時給（I、S） ・週所定時間を超える労働者割合（ESRS）
	児童労働／強制労働	18	児童労働や強制労働など人権に反した就業状況が発生していないかどうかに関する領域	・人権レビュー等の対象となった事業所の総数・割合（W） ・人権方針や事業所に関わる人権側面に関する手順について、報告期間中に従業員研修を受けた従業員の割合（G）
	賃金の公平性	19	公正な賃金や福利厚生の提供をしているかどうかに関する領域	・男女間賃金格差（C、I） ・正規・非正規間の賃金差異（G）
	福利厚生	20	福利厚生の提供状況に関する領域	・福利厚生の種類、コスト（G）
	組合との関係	21	労働組合の人数や組合との関係に関する領域	・団体労働協約の対象となる全従業員の割合（G） ・労働争議の発生研修（G）
コンプライアンス／倫理		22	企業のコンプライアンスと倫理に関する領域	・提起された苦情の種類と件数（I） ・懲戒処分の種類と件数（I） ・倫理・コンプラ研修を受けた従業員の割合（I）

育：育児介護休業法、C：コーポレートガバナンス・コード、I：ISO30414、G:GRI、W：WEF、S：SASB

（出所）各種法令、標準化団体、Webサイトより作成

何を訴えかけたいかとステークホルダーが知りたいことを足し算

では開示に向けて具体的に、どう取り組んでいけばいいのだろうか。第2章「納得できる重要課題を作り上げる」で説明した、人的資本経営ストーリーボードで整理された内容が、開示ストーリーそのものの骨子となる。

このストーリーボードでは自社のパーパスやバリューを掲げた上で、長期視点のサステナビリティ目標およびサステナビリティアクションを定義した。また、短・中期視点での事業戦略に基づき、人材ポートフォリオ実現方向性（事業観点での人材ギャップ）を分けて定義した。その上で、たくさんの取り組むべき課題がある中で経営、事業と合意した「本当に選択と集中をすべき人材マテリアリティ（重要課題）」を定義し、自社ならではの取り組み事項として明文化した。

まず、開示ストーリーの骨子としてここまでの一連の流れを参照し、メッセージラインに仕上げていくことが必要だ。経営方針や現状の事業戦略の視点から、自社が何を重要と捉えているのかについては明確に述べることができるはずだ。開示においても同様に①何が人材マテリアリティなのか、②それは事業との連携下においてなぜ重要であるのか、という2つの要素を整理してみる。その上で明確にそれらを発信することができれば、自社の人材戦略はどうあるべきかの半分を語ったようなものである。

統合報告書等の1パートとして人材戦略が述べられる場合、「自社経営にとって最も大事な資本は多様な人材である」「ゆえに我々は人材に対してさまざまな取り組みを行っている」という主旨で語られ、自社の人事戦略および施策を紹介する形式での開示パターンが多い。人材を重要な資本と捉えている、という事実は間違いではない。だが、そう語るだけでは「経営環境が○○であるから、重要な資本である人材に○○を投資する」というWhatの説明が十分であるとは言い難い。

この点は従来、日本の人事部門が苦手な領域であり事業連携の強化が必要であるとの共通課題の源泉ともいえる。人材戦略づくりにおいて、事業戦略とひもづけて人的資本に対する選択と集中すべき事項まで踏み込むことが検討されず、一般的な施策の立案に終始しており、語るべきWhatが検討、整理されていないのだ。そしてそのまま統合報告書の編集時期に至り、人事パートの作成依頼が来て生煮えのまま、あたふたと人事パートの編纂にあたるというのがよくあるパターンだ。

だからこそ手順に沿って、「人的資本経営ストーリーボード」のフレームワークを検討、整理し開示に臨む事を推奨したいのだが、全社的に一連の人的資本経営ストーリーの流れを整理するための時間が十分にないケースもあろう。そのような局面であっても、まずは現在の全社の情報を基に、この「人的資本経営ストーリーボード」を活用し、事実関係を何とか整理することをお勧めしたい。

先に述べた事業、経営と合意した人材マテリアリティの精度を詰め切ることは難しいし、課題も残るかもしれない。ただ少なくとも、「自社経営にとって最も大事な資本は多様な人材である」「ゆえに我々は人材に対してさまざまな取り組みを行っている」といった経営との連続性が分断された冒頭の語り口とは異なり、より踏み込んだ一味違う、人的資本に対する重要課題と投資事項の表現が見えてくるであろう。

ここまでが冒頭の開示の根幹となるキーストーリーだ。このストーリーと接続する形で、自社の人材戦略を説明する文章を検討したい。

「人的資本の重要課題と投資すべき事項はこう、ゆえに人材戦略はこうである」という、一連の語り口だ。ここで有効なのは、①人材マテリアリティ、②人材戦略（どの人材にどのように投資するか）③そのための具体の施策は何か、と説明していく構成である。冒頭のストーリーと人材戦略の説明の間をつなぐものとして人材マテリアリティが明示されていると、一貫性をもって論理的に自社の取り組みを説明しやすくなるし、無機質でない自社の魂がこもった生き生きとしたストーリーを作り上げることができる。その上で必要な個所を補足、肉付けしストーリーに厚みを持たせていくのがよいだろう。

例えば「今後の事業ポートフォリオの実現にコアとなる人材は何であるか」「外部環境も見据えながら自社の競争優位性を維持し、事業の長期存続を実現するにあたって重要な価値観や普遍的に構築すべき組織風土は何であるか」といったことの詳細解説である（後者の具体的な7つのパターンは、第2章を参照のこと）。

可能であれば、一連のストーリーを社内外に分かりやすく伝えられる、自社の人的資本経営モデル図も準備することが望ましい。昨今の潮流として人事領域に限らず、対外用の総合報告書やホームページでの公開においても、端的に印象が残る図表を使って表現していくことが多くなっており、ビジュアル的なインパクトがより求められているからだ（経済産業省主催の人的資本経営コンソーシアムにおいても、各社の好事例が開示されており参考にされたい）。

また、統合報告書での開示を想定した際、人事パートのみで立案するのではなく、先に述べられている自社の「経営全体の価値創造ストーリー」や事業戦略をあらわすモデル図など既出のものと連動した形式で構成すると、いっそう読み物として一貫性を持って表現することができる。

さらにCHRO（人事最高責任者）だけではなく、CEO（最高経営責任者）やCSO（最高戦略責任者）といったCxOとコラボレーションし、人的資本に対する思いや意図を対談形式などで語るような構成を持つと、より効果的である。企業として経営全体でのコミットメントを発信でき、その本気度を伝えることができるからだ。副次的にはCxO全体で統制が取れた、経営上のガバナンスモデルが形式的な体制ではなく、本当に連携して取り組みされていることをアピールする効果も期待できる。編纂の企画初期段階より、CHRO組織から働きかけてこういった全体構成を提言、検討することをお勧めしたい。

さて、メインとなるストーリーラインを整理した上で次に整理しておくことが、前項で述べた指標の1つ目の分類「価値訴求型指標」である。繰り返しになるが「価値訴求型指標」は、自社ならではの施策と指標を管理するものである。

人的資本経営モデル図（例示）

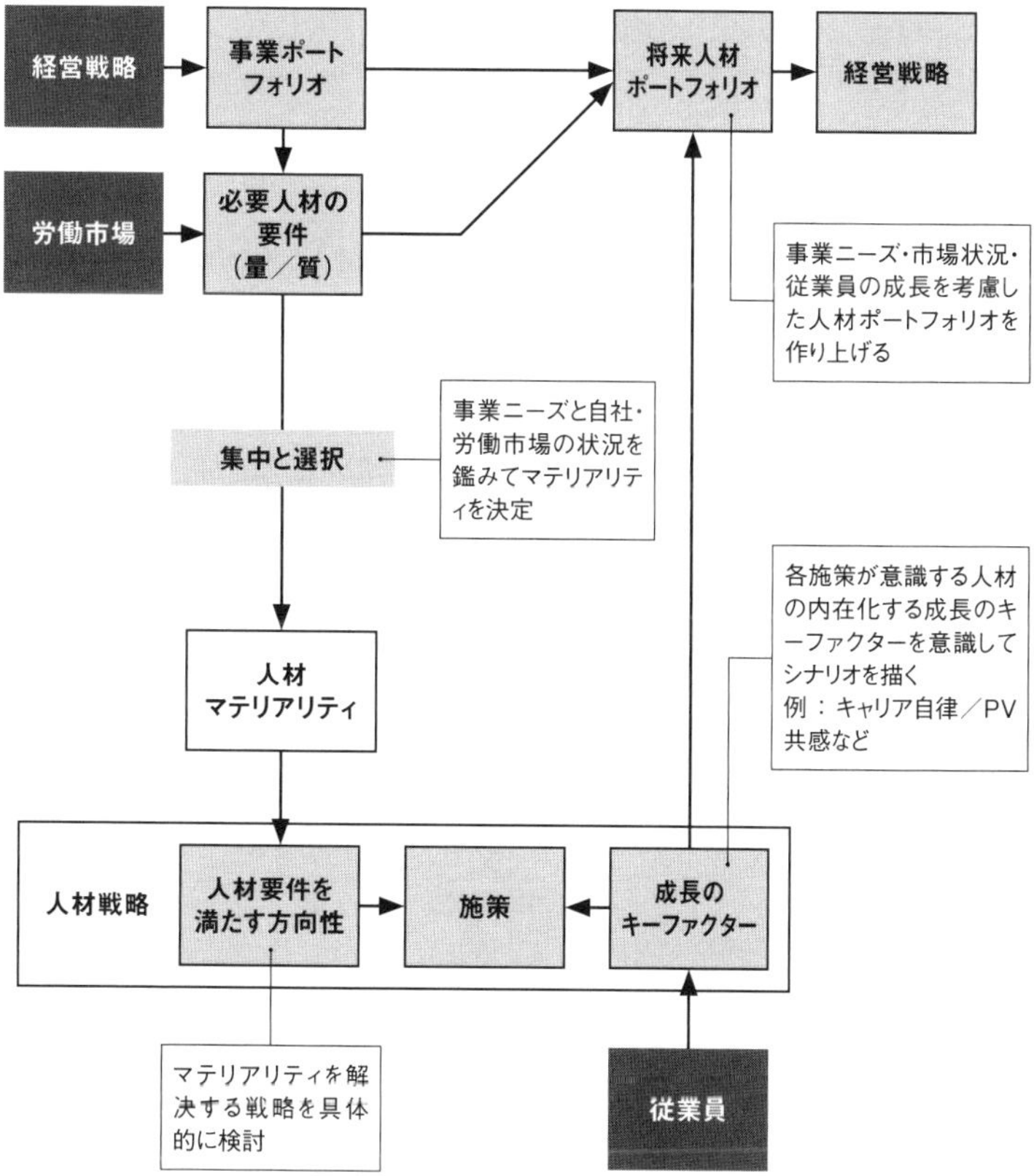

具体的には、人材マテリアリティの達成状況を測るKGI（重要目標達成指標）と、人材マテリアリティに寄与する施策の進捗状況を測るKPI（重要目標の達成度合いを示す指標）のうち、開示すべきものを定める行為だ。これについては第2章で述べた通り、既に人的資本経営ストーリーボードのフレームワークに則って整理済みであれば、素直にそれを参照すればよい。

そうでない状況下においても、KGIと具体的な施策のKPIを自社の重要課題に照らし合わせ、開示すべき対象を整理、検討することを推奨したい。人材マテリアリティを軸に人事戦略、人事施策を論理づけて展開すべきなのと同様に、指標も本来、KGIと具体的な施策のKPIと関連させて構造化されるべきものであるからだ。

指標の構造化が完了し、開示する段階で留意すべきは、指標をどこまで具体的に表すかだ。ステークホルダーに対して価値訴求するための指標であるため、一見するとできるだけ詳細に開示することが望ましいように感じる。ただ場合によっては、①自社の戦略を競合他社などへ、あけすけに情報開示し過ぎてしまう、②選択と集中が明白なため（特に自社従業員に対して）、非集中領域に対してのフリクションを生む可能性がある、といった点に配慮する必要がある。経営、事業側とも意見交換しどこまで事業個別の指標を明示するか、あるいは数値目標を明示するかといった点について、経営サイドの意思も踏まえ、戦略的な開示を行うことが重要である。

実際の事例でも将来の事業ポートフォリオを見据え、それに資する重要職種（役割）や特定部門における人材ポートフォリオ充足のための施策への集中投資を立案していながら、開示にあたっては戦略の秘匿性を重視し、また他従業員に対し不公平感を招くミスリードを回避するため、あえて部門や対象職種を特定しないケースもある。この点は、魅力を伝える重要性とそれによるデメリットのトレードオフ（一得一失）を丁寧に議論した上で、戦略的に決定したい。

ここまでが、開示におけるストーリーづくりおよび指標選定のメインともいえる活動となる。企業価値を左右する重要因子が有形資産から非財務領域である無形資産へとシフトしている昨今、企業活動の中核を担う「人材」に積極的に投資することで中長期的な価値創造を目指す「人的資本経営」への関心が高まっているのは現実であり、とりわけ指標への対応は、今後一段と無視できないものとなっていくだろう。

次に、前項で述べた指標の2つ目「ステークホルダー関心事に係る指標」について述べたい。まずは、自社ステークホルダーの関心事を正しく捉え応じる準備はできているだろうか。この指標を考えるにあたっては、この問いに対する答えが最も重要であると言って過言ではない。

従来、ステークホルダーの企業に対する関心事は、財務指標の改善や安定につながる投資の状況が中心であった。しかしながら今は、有形資産から非財務領域である無形資産へのシフト、言い換えれば日本の「失われた30年」の直接的な原因となっている無形資産の価値向上に貢献する投資について、日本企業は明確な回答が求められているのが現状である。

この回答をするには、人的資本に係る事項を丁寧に抽出し、分析することが欠かせない。従来の企業における職務分掌として、これらの作業は財務部門や経営企画部門（ＩＲ部門）が中心となって担ってきた。しかしながら、これだけ非財務指標へ関心がシフトする中、人的資本に係る関心へのリアクションには人事部門の積極的な関与、協力が不可欠であると言えよう。この観点から、人事部門が求められるアクションは①積極的に投資家の関心事に当事者として情報収集、把握のために動くこと、②関心事に応えるために、人的資本に係る事項について、具体的かつ数値的な根拠に基づく回答のための準備に貢献すること、である。対外の関心事についての数値的なリアクションに際しては、ガイドラインに基づく指標群の活用が有効になるであろう。具体的な質問事項に対し、概ねガイドライン上で定められた指標を参考にしながら、企業の取り組みを直接的に説明することが可能であるためだ。

ある製造業の事例を示すと、この企業は技術的な側面で外部環境上明確な事業ポートフォリオの変革が欠かせぬ状況に陥っており、変革へ向けた人材ポートフォリオ充足の方向性や、既存事業の従業員も踏まえた人件費上昇への対応（人件費の純増に対する打ち手）についての回答が求められていた。この回答には、人事戦略として既存事業からのリソースシフト（リスキリング）や、リソースアクション（代謝）が求められていることが明白だ。このため、この問いに対する答えを述べられるのは人事部門であり、人事部門が中心となって戦略を立案することが求められた。

実際、この企業ではリソースシフトを実現するための、①ポテンシャルとなる技術をもった母集団の把握、形成、②リソースシフトという環境変化に対応するためのエンゲージメントや行動特性（コンピテンシー）など複合的な要素をベースにした、成果を上げる人材の特定、③リソースシフト実現のための具体的なアクションプラン、④人材ポートフォリオのモニタリングプロセスの定義、実践といった4つの具体的なアクションの提示、加えてそれらを可視化するための指標を提示し、回答を行っている。このような投資家のシビ

ア な視点に対する戦略や施策の立案、並びにその進捗を証明する指標の立案が、今後の人事部門の役割としてますます期待される事項となっていくと強く実感している。

またガイドラインの指標群は、現在の非財務指標における「健康診断」の位置づけとして網羅的に活用されがちであるが、このような投資家という重要なステークホルダーからの具体的な関心事に応じるために、ガイドラインに示された指標群および、指標に概ね集約し語ることができることもまた事実と感じており、戦略を示し進捗を測り証明するヒントとしての積極的な活用に期待したい。

もっとも、ステークホルダーの種類もさまざまだ。投資家に加え、まず各社に共通するステークホルダーとして重要なのは、労働市場と自社従業員である。昨今の労働市場における、企業への関心事は何であろうか。アビームコンサルティングが独自に調査した結果によると、業界業種を問わず労働市場では精神的健康、労働慣行、およびリーダーシップに関心が高いことが判明した。加えて育成やスキル、経験に関する関心も高くなってきていることが分かっている。これは何を意味するだろうか。

前者は「働き方改革」の観念が日本社会に根付いてきており、根拠のない精神論や価値観、妄信的な働き方に対する警鐘およびその終焉（いわゆるブラック企業的な労働慣行を持った企業の退場）を、ステークホルダーの立場で証明していることを表している（中でも日本の高度成長期を過ごし、自身の社会人人生の良し悪しを熟知した親世代の意見が反映されているという事実が興味深い）。

一方で後者は、着実に市場価値を高められる、自己成長の場になってもらいたいと願う労働者の経営陣に対する期待の表れと言える。つまり、労働市場においての企業価値は、働き方改革の進捗度に加え労働者が自身の成長をいかに実感できる場であるか、にシフトしていると言えよう。人材版伊藤レポートでも述べられているとおり、企業と人材（労働市場）は「選び選ばれる関係」を築くことが無視できない関係となっており、この観点でステークホルダー（労働市場）に訴求する事もまた不可欠と言える。

情報技術の浸透により、労働市場において企業の情報収集が圧倒的に容易になった昨今、個人の企業を見る目は従来に比べ鋭くなり、各社をかつてなくシビアに評価しているのが実態である。労働人口の縮小といった社会課題は深刻化し、業界業種を問わず求める人材像やスキルセットがボーダーレス化する状況下で、本当に欲しい人材の獲得競争は熾烈を極めている。その意味でも、「いかに自己の成長に寄与し、働く場として最良の選択肢であるか」を、労働者というステークホルダーに示す施策と労働市場に向けた情報開示は、怠ってはならない作業であり、それを証明する具体的な指標の開示も、今後より一層求められるであろう。

労働市場および、自社従業員に向けての関心事に応える重要性はここまで述べた通りであるが、自社従業員に向けてはより注意を図りたい。なぜなら、彼らは自社で実際に働き多くの時間を費やしており、自社の文化を肌で感じているからだ。ある意味で運命を共にする同志であり、最も直接的に企業価値向上に寄与する相手とも言える。

従来の日本企業は終身雇用制、メンバーシップ型の企業運営を前提とした雇用環境が主流であった。従って、当組織における規律や自身の役割を全うすることが一従業員として求められていることであり、それに応えることを追求することが従業員の基本的な価値観だった。これは、日本の高度成長期を支えた労働慣行であり、その結果実際に「Japan as No.1」を実現したグローバルでの競争優位の源泉となった。

一方で、失われた30年の起点ともいえるこの価値観こそが原因で、パラダイムシフトに追随できないといった皮肉な結果も生んでいると言えよう。では今、新たな価値観を持った従業員は何を会社に求めているのか。キーワードは多様性である。

多様性というと、企業価値向上の源泉となる多様なバックグラウンドや経験、スキルセットが相乗効果を生み、新しい価値を提供するといった文脈で捉えられがちであるが、一方でそのような多様な従業員を統制し、一企業の目的意識の中で価値観や目標を合わせ達成を勝ち取るマネジメントは難しい。単に多様な統計的属性やスキル経験的属性を持った人材を獲得すれば成立するわけではない。

そんな状況で、従業員はさまざまなバックグラウンドを持つ自分たち一人ひとりに真摯に向き合い、マネジメントし、必要な施策を整備する姿勢こそを企業に求めるようになっている。つまり困難なことに、企業は従業員を画一的に統率することなく、企業価値を向上させる施策を画策することが求められている。

この観点に立った時、自社従業員への開示はどのような点に考慮すべきか。1つは、自社が求める人材像が画一的でないことを明解に発信することだ。多くの日本企業は従業員に対し、全員が究極的には社長を目指すという前提に立って、まさに画一的な人事戦略を立ててきた。

そうした環境では、従業員それぞれの個性は闇に消え、会社での仕事はチーム戦となった。リーダーを担う人材だけにスポットライトが当たり、あたかもその人物がすべてを達成しているように語られているきらいもあったが、それが事実ではないことには誰しもが共感を得るところであろう。

実質チーム戦である状況では、画一的なマネジメントはうまく機能した。しかし人材が多様化した今、企業は自社における役割を細分化して再定義し、新たなマネジメント手法を構築することが欠かせなくなっている。さまざまなキャリアモデル、キャリアパスを自社の従業員に提供することも必要だ。自社が求める人材像が画一的でないことを企業として明文化し、自社の従業員に対して明確に発信することはその出発点となる。

従業員のキャリアに対する関心事はエントリー層、ミドル層、シニア層およびハイパフォーマー層、ミドルパフォーマー層、ローパフォーマー層（2：6：2の原則）の軸で異なると考えられる。これらの層を理解しながら企業としてそれぞれの価値観に向き合い、求める人材像、並びにそのために企業が重視する取り組みと結果指標を明示すべきだ。

従業員の関心事への応える際の2つ目のポイントは、ジョブチェンジ（転職）が労働市場におけるインフラの整備も含め当たり前になった今、「今この会社で働く意義」を強烈に発信することである。意義といえば、自社が持つパーパスおよびバリューがまず思い浮かぶ。パーパス、バリューといえば、パーパス経営が叫ばれる昨今、従業員を惹きつけする重要な要素でもある。

しかしながら、厄介なことに情報化が爆発的に進む中で、パーパス、バリューを発信し続けるだけでは、それを実現する実力を持つハイパフォーマーの共感を得る可能性は高いが、パーパスを追い求める資質が必ずしも十分でない、自社従業員の大半を占めるミドルパフォーマーには、十分な共感を得られないことも事実である。

では、ミドルパフォーマーを惹きつける源泉とは何か。自身の成長機会の提供である。ミドルパフォーマーは、自身の市場価値に関する感度が高い。これは、元来勤勉な日本人の素養に起因するものだ。企業は彼らに対しては、パーパス以上に、成長の伸びしろが自覚できる場づくりや、自己肯定できる機会の提供について自社の方針を発言していく必要がある。

つまり従業員に対しては①企業が追い求め、社会にインパクトを与える人材になるための場として最良であること、②(一定の会社支援を受けながら)自己成長の場として最良であることの訴求、という2つをむしろパーパス以上に強く幅広い層に発信することが大切になるわけだ。

以上の2点を踏まえた、労働市場や自社の従業員に響く施策のあり方は第4章で述べたとおりであり、参照されたい。開示の観点では、この施策を踏まえて魅力的な発信を行うことに焦点を当てることにも注力すべきである。

ステークホルダーマネジメントを意識した上でもう1つ、忘れてはならないのが3つ目の「デファクトスタンダード型指標」である。ここで指すデファクトスタンダード型指標とは、国内外のガイドラインに基づく指標群、指標のことである。ここまでは投資家や社員といったステークホルダーに対して、自社の魅力を社内外に訴求するためにどのような指標を選定し、発信すべきかを述べてきた。しかしながら企業活動において、同じく意識すべき相手として競合他社がある。

デファクトスタンダードとは「事実上の標準」という意味だ。前項で述べた通り、手段を目的化させないためにも、無目的に標準に適合する行為は慎むべきだ。また、1つ目「価値訴求型指標」、2つ目「ステークホルダー関心事に係る指標」の2つの分類を丁寧に定義することで、既に十分な人的資本における情報開示を果たしたとも言える。

ではなぜ、デファクトスタンダード型指標が必要なのか。企業活動においては競合他社が必ず存在することもまた事実であり、各社の動向を注視し、自社と比較する作業も不可欠だからだ。デファクトスタンダード型指標、つまり有力なガイドラインに基づく指標は、横並びで比較しやすい指標である。だからこそ、人的資本経営における自社のポジショニング評価の材料として最適と言えるのだ。

この観点で自社が取り組むべきことは、何であろうか。まずは、ベンチマークとして同業他社が開示している人的指標の把握である。何を同業他社が開示しているか、労働市場も勘案して今後競合となり得る企業の開示指標も含め、把握することが先決である。これを把握した上で、①同様の指標を開示し、他社に比較して上回っている指標は積極的にアピールするとともに、劣後しているものについては、「既に認識し、改善のためにどのような取り組みを行っているか」をアピールする。②自社の価値訴求に関わる独自の取り組みを振り返り、他社にない特徴的なものがないか確認し、開示指標として独自性を打ち出せるものを積極的に開示しアピールする、という2つの作業を進めることになる。

ただし先に述べた通り、デファクトスタンダード型指標よりも、自社が目指す人的資本経営ストーリーを裏付けし根拠づける指標や、直接対峙するステークホルダーの関心に応えるための指標を開示することのほうが本質であり、こちらを重要視すべきなのは事実だ。また、各種ガイドラインで示された指標は非財務指標の典型として有用であることは間違いないが、これらの開示を無目的に追い求めることは効果的ではない。

まずは企業活動の意思をもった、自社が目指す人的資本経営ストーリーを裏付けし根拠づける指標や、直接対峙するステークホルダーの期待に応え証明するための指標という2つを定義し開示する。その上で市場で勝ち抜くために、他社のベンチマークを確認し、自社の取り組みや視点に盲点がないか検証する手順だ。自社の立ち位置がどのポジショニングにあるか認識し、開示の有無および今後の取り組み方針に反映させる。また、自社戦略を振り返って独自性の高いものを把握しアピールすることは、それはそれで企業価値の向上に貢献する。

逆の言い方をすると、これまでの1~3つ目の指標で網にかからなかったガイドライン系の指標は、この時点で積極的な管理・開示を目指さなくても問題ない。

ここまで述べたものが整理された段階で、自社の開示に向けたストーリー生成、ならびに開示指標の焦点は絞られたのではないだろうか。

ただ、それでもまだ問題が生じる恐れはある。それはデータ収集の問題である。コングロマリットな事業、グループ会社を抱える大企業、さらにはグローバルカンパニーにおける各国拠点データ収集に関する問題だ。

この章の冒頭で述べた通り、大きな事業体であるほど指標データ収集の課題は大きなものとなる。いたずらに収集データを増やすのは持ってのほかであることは先に述べた通りであるが、戦略的な開示においてもこの点は考慮すべきである。

まず、単年での完全な情報開示は不可能と考えるのが妥当である。つまり、巨大企業ほど戦略的な情報開示においては、複数年を見据えた指標の開示プロセス構築が重要となる。特に日本発のグローバル企業において、HRテックの国外展開は難しい課題であり、情報管理体制の構築および情報収集のためのガバナンスプロセスの確立は困難を伴う。

このため指標開示の際は、開示項目の対象範囲の絞り込みや、地域ごとの指標の明示と目標とする到達点までのロードマップなどへの明言が、開示した情報の信頼性を高める大事な要素となってくる。この点では、開示の前に戦略を明確にしておくことが望ましい。また、一足飛びにゴールを目指そうとしても大概は頓挫してしまうため、しっかり経年での取り組み方をロードマップで示し、取り組みの進捗を開示していくことも信頼性を高める上で重要と言える。

以上が「やらされ開示」ではない、人的資本の情報開示にあたって必要なアプローチの全体像だ。次項でこれが開示のため「だけ」のアクションではなく、本質的な企業価値向上のためのサイクリックなプロセスであることを解説したい。

開示と対話を通じて次の課題が見えてくる

先に示したとおり、開示を控えた企業の状況はさまざまである。理路整然とパーパス、バリュー、サステナアクション、事業ポートフォリオに資する人材ポートフォリオ形成のための方向性などが、企業として語れるなら最高の状況だ。

しかしながら多くの企業はまだそのレベルになく、①事業連携を意識した本格的な人材戦略検討を行うのが初めてで、今後どうブラッシュアップしていけばよいかプロセス化できない、②慣例的に管理部門における年間の活動計画が決まっており、うまく事業戦略の立案、人事戦略の立案、開示に向けた作業計画が実態としてサイクリックにまわらない、といった状況にあることを実感した。

経営、事業と連動した人的資本経営ストーリーの開示にたどり着いた企業にしても、その先も安定的に年間での事業戦略や人事戦略の立案、開示に向けた作業計画がスムーズに流れるサイクルとなっているか、不安を抱えている。

ここで特に見直しておきたいのは、事業戦略の単年での振り返りおよび見直しのタイミングが、次期人事戦略の立案時のインプットとなるように時期が設計されているか（見直しの結果を受けて人事戦略上も検討、反映を行うことが時期的に可能か）、併せて人事戦略見直し反映の時期と、次期施策推進のための予算取りを行う時期がスムーズに流れる状態となっているか、である。最終的には指標のモニタリングプロセス（実行体制およびデータ管理基盤）についても、モニタリング結果が時期と人事戦略および施策の見直し時期に適切にインプットでき、見直し検討の一助となるよう設計する。ここまでできれば、自社の人的資本経営の実践サイクルが整ったと言えよう。

こうした体制を実現するには、従来以上に管理部門間での具体的な協議や連携のプロセスを明確にしておくことが求められるし、人的資本経営ガバナンス体制そのもののブラッシュアップも急がねばならない。多くの企業では、長期にわたって、人と組織の課題についてクライアントと共に議論し解決策をつくり上げてきたが、部門の壁を越えられず、人事部門に閉じた取り組みとなってしまっているケースも少なくない。逆に言えば、経営における無形資産の重要性の認識、並びに人的資本に対する関心の高まりは、多くの日本企業が抱える人と組織の課題解決を経営課題として会社全体でコミットし、これまでの組織の壁を打ち破り一丸となって取り組む組織を築く千載一遇の機会にもなると捉えている。

ＣｘＯの設置など会社経営におけるガバナンスモデルのあり方は日々研究され進化し続けているが、人的資本経営の文脈においてようやく真の経営課題の１つとして人組織の課題が認識され、また経営管理機能の一部として人事部門（ＣＨＲＯ組織）が注目を浴び、経営管理機能としての重要性が強く意識され始めたと感じている。この点においては長年人事組織に係るコンサルティングを専門とし、クライアントと共に活動してきた一コンサルタントの立場としても、悲願であると言って過言ではない。

開示というプロセスは「やらされるもの」ではなく年間の指標モニタリングと経営や事業戦略の見直し、人事戦略や施策の見直し、といったサイクルを運用していくことで改めて企業の課題を浮き彫りにするものである。実践と見直し、改善のサイクルがうまく回り始めれば、価値創造に向かって大きな好循環が生まれるのは間違いないと確信しており、すべての日本企業に根付くことを願ってやまない。

本田技研工業

人的資本経営への取り組み

ガラパゴス→会社全体の取り組みとしてのストーリー開示元年

「人的資本経営」が人や組織に係る経営上の重要アジェンダとして注目を集める中、2022年9月、ホンダでも人的資本経営への取り組みを開始した。人的資本経営にまつわる各種文献や情報を整理するほか、国内外ガイドラインといった人的指標の調査などを通じて理解を深めていく過程で痛感したのは、「単に開示をすればいいのではなく、これを機に本質的に人的資本経営を実践すべき」ということであった。

本来、自社における非財務（人的資本）の価値や人事戦略の進捗を表す具体的な指標として、人的資本を定義、管理することに一定の意義はある。もっとも、そのためのデータ収集に膨大な時間を費やすことは、ただでさえ忙しい人事の工数浪費につながりかねない。

そこで、ホンダにおける人的資本経営の意義を改めて見つめ直し、自社において「人的資本の開示にあたり、本質的な人的資本の充実を図り企業価値向上と優位性を確保するために、〝ホンダらしい〟情報開示をする」ことを目的としプロジェクトを開始した。

今までにない取り組みを新たに実施する。そしてそれは流行りに乗った一過性のものではなく、本気の取り組みとしての実施が必要である。そのためにプロジェクトにおけるゴールとして、以下3つを設定することから始めた。

「経営戦略の実現に必要な人事戦略であることを会社として合意できる仕組みづくり」

「ステークホルダーがその取り組みを魅力的に感じる仕組みづくり」

「現在の到達点を明らかにした上で、最終到達点までのロードマップづくり」

そして、このゴールを達成するためのパートナーとなったのが、我々アビームコンサルティングだ。

本取り組みのポイントは2点ある。

1つは、人的資本に対する投資には結果にコミットできる明確な「選択と集中」が必要であり、そのストーリーをつくり上げるためのフレームワークを軸にプロジェクトを推進すること。

2つ目は、人的資本経営の成功には人事部だけではなく、経営層や事業部門とのコミュニケーション、合意が不可欠であり、そのためのアプローチを示し伴走することだ。

いざプロジェクトを始めると、これまでにはない困難の連続だった。従来の人事部内プロジェクトでは、部内で侃々諤々と意見をたたかわせて結論を導き出すケースが大半であった。しかし、他部署を巻き込むとなるとそう簡単にはいかない。当初、経営企画部と人事の取り組みを合意し、体制を築くことに何より腐心することとなった。

なぜなら、自動車業界全体に共通することだが、ホンダにおいてもＥＶ化の波に乗った事業ポートフォリオ変革に伴う、人材ポートフォリオ変革（リスキリングなど）は重要課題であり、経営企画部と人事部で議論していきながら人材の充足を事業と連動していく必要があるからである。ただ、経営企画部とはまず双方でどのようなことをお互いに期待していけば、そういったことができるのかがわからず、お互いがお互いでやればいいという発想から別々に考えて動いていた。

そういった状態を解決するために、我々は「一緒に考えることができるパートナー」にならなければいけないという考えのもと、ヒアリングを実施し、ややもすると御用聞きとなりがちなところを、先を見越してプロアクティブに意見をぶつけていくスタンスに変更した。例えば、どのように事業ポートフォリオが変わるのか？　そのためにどのような人材の課題に直面するのか？　といった具体的な仮説をつくり、それに対して方向性が合っているか、合っていないかを議論することで戦略や課題の解像度を上げていく議論にもっていき、前に進めていったのである。

もう1つは、ステークホルダー全体の意見の収集である。人的資本を会社全体の討議にするのは容易ではない。そのため経営企画部における戦略、技術、サステノビリティ、コミュニケーションに関わる検討をする担当と活動に対して、方向性の討議や全体の意見の整理をし続け、プロジェクトを推進した。経営層に対しても同様で、手戻りも覚悟しつつ粘り強く意見を投げかけ、相手の理解が進んでいく過程とともに、会社全体の意見を合わせるためのアウトプットを作り続けたのである。

結果として経営企画部と連携した検討体制を構築でき、プロジェクトは大きく前進していくこととなる。これはホンダの管理部門におけるガバナンス体制、人事部機能の位置づけの変革という点でも大きな意味があったと考えている。

そして、人材マテリアリティが達成された状態を測る指標として経営管理指標とその目標値を定め、この目標値を達成するための人材戦略・施策・施策KPIを一連のストーリーとして定義しています。

経営管理指標および関連する重要KPIは経営管理の枠組みで定期的にモニタリングされ、必要に応じて指標・目標値の見直しや施策の修正・追加などを行い、PDCAサイクルを実行していきます。

Honda人的資本経営ストーリーボード

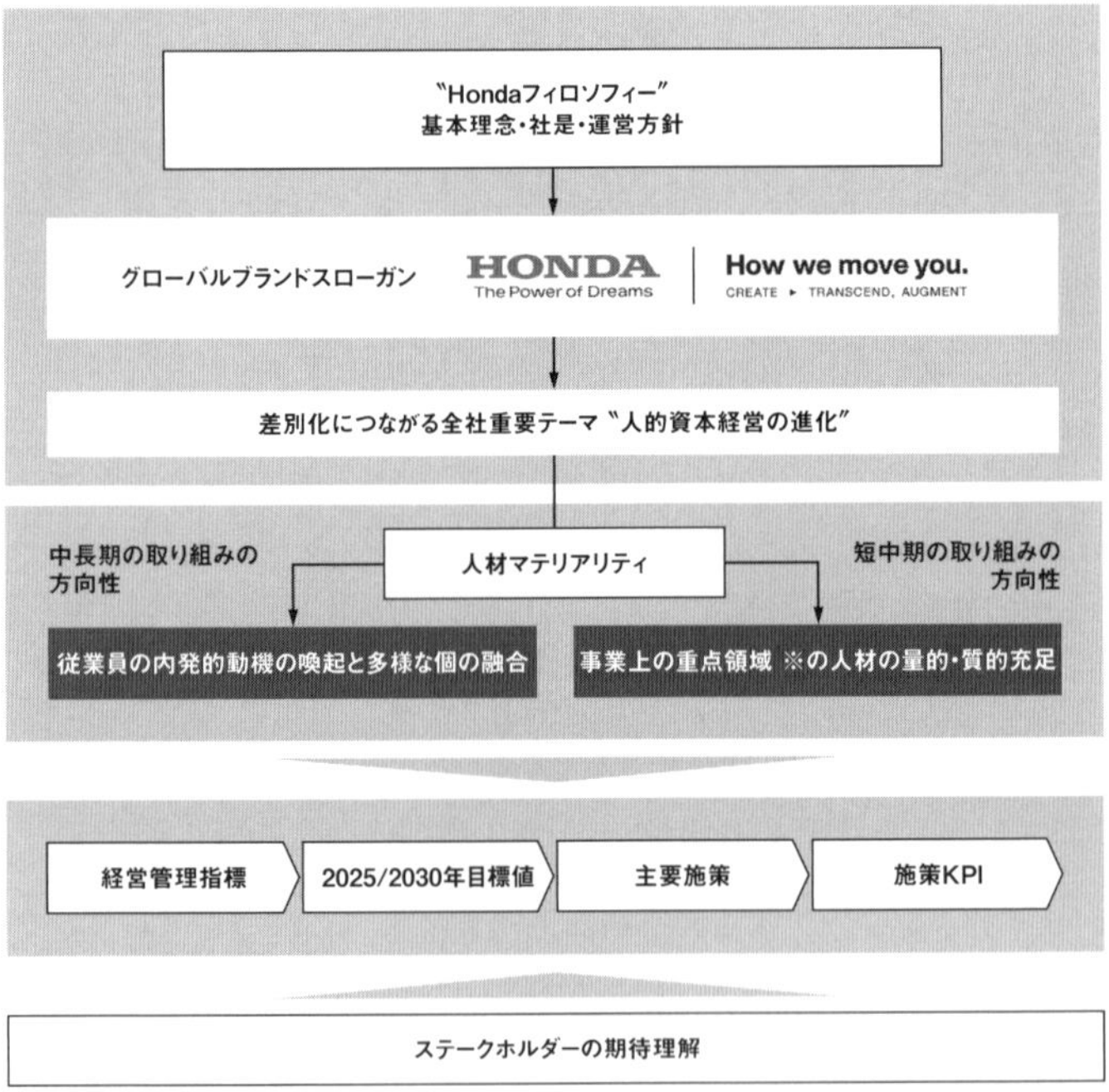

※ 重点領域:電動化・ソフトウェア・新事業・基礎研究 等

ホンダ統合報告書①

人的資本経営の進化 ｜ 人材戦略

■ 人的資本経営への取り組み

人事管理の基本理念 ―Hondaフィロソフィー―

Hondaは人事管理の原則をHondaフィロソフィーに基づき定めています。自立した個性を尊重し合い、平等な関係に立ち、相互に信頼することを原則としています。「より良い社会を実現したい」という内発的な強い意志を持つ人材が集い、その能力や持ち味、創造性をいかんなく発揮する。そして、ときにはぶつかりあいながら困難を乗り越えていくことで、喜びを分かちあえる企業でありたいと考えています。お客様や社会の期待を超える商品やサービスを生み出し続けていくために「夢を原動力に強い意志を持って動き出そうとしている人」の成長を促し、支援して、そして、従業員がHondaというフィールドで「活き活きと輝く」ための総合的なヒト・組織戦略を展開していきます。

人事管理の原則

人間尊重

自立	平等	信頼

人事管理の三原則

主体性の尊重	Hondaは、それぞれの個性、自由な発想、意思を尊重する
公平の原則	Hondaは、国籍、性別、年齢などに捉われることなく、誰もがハンディのない公平で自由な競争の機会をもつ
相互信頼	Hondaは、従業員とお互いの立場を尊重し、信頼しあい、認めあい、誠意を尽くして自らの役割を果たす

人的資本経営をストーリーで定義

Hondaの人的資本経営の取り組みとして、事業戦略と人材戦略の連動を図るため、人領域において集中的に取り組むべき課題を“人材マテリアリティ” として定義しています。

人材マテリアリティの定義にあたっては、全社重要テーマである“人的資本経営の進化”において中長期的に取り組むべき観点と、事業戦略に資するための短中期的観点の両面で、集中的に取り組むべき方向性を全社での議論を経て定めています。

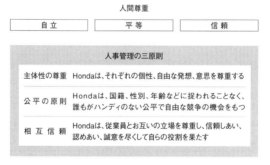

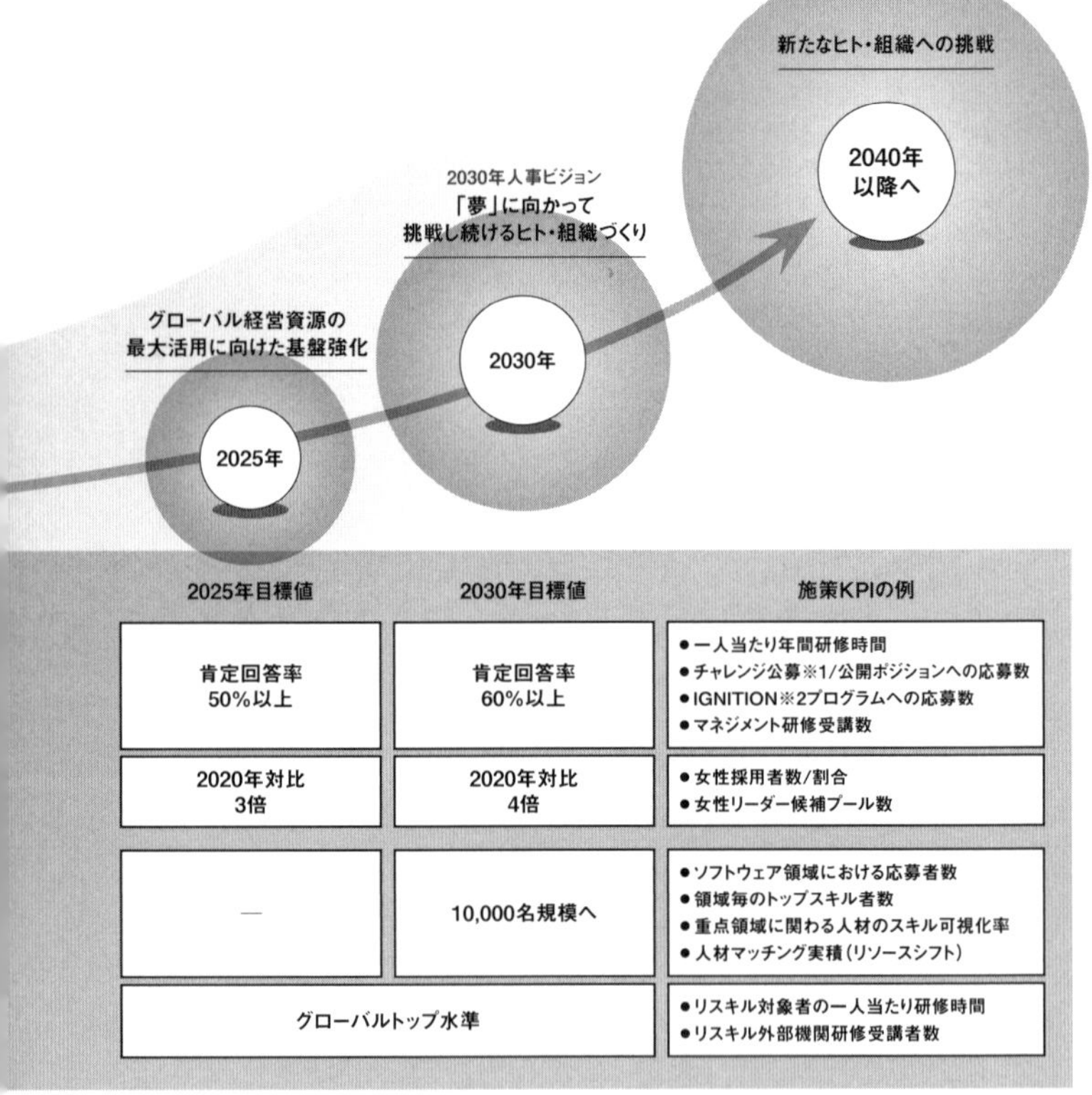

2025年目標値	2030年目標値	施策KPIの例
肯定回答率 50%以上	肯定回答率 60%以上	●一人当たり年間研修時間 ●チャレンジ公募※1/公開ポジションへの応募数 ●IGNITION※2プログラムへの応募数 ●マネジメント研修受講数
2020年対比 3倍	2020年対比 4倍	●女性採用者数/割合 ●女性リーダー候補プール数
—	10,000名規模へ	●ソフトウェア領域における応募者数 ●領域毎のトップスキル者数 ●重点領域に関わる人材のスキル可視化率 ●人材マッチング実績(リソースシフト)
グローバルトップ水準		●リスキル対象者の一人当たり研修時間 ●リスキル外部機関研修受講者数

ホンダ統合報告書②

人的資本経営の進化 ｜ 人材戦略

■ 人的資本経営ストーリー

人材マテリアリティ達成のための経営管理指標と、戦略連動した主要施策・KPI

人材マテリアリティを中長期的に取り組むべき観点から“従業員の内発的動機の喚起と多様な個の融合”、短中期的に取り組むべき観点から、“事業上の重点領域の人材の量的・質的充足”と定義し、当面は2025年・2030年に向けた目標値を定めています。

また、2040年以降を見据えて、経営管理すべき指標については今後も拡大を図っていきます。

それぞれの目標値について、達成に寄与する人材戦略・施策KPIを設計し、達成に向けた計画を作成しています。今後は各指標の進捗状況を定期的にモニタリングし、定量的な根拠に基づいたタイムリーな意思決定を行う仕組みを構築していきます。

人材マテリアリティ	達成したい状態	経営管理指標
従業員の内発的動機の喚起と多様な個の融合	高い意欲・目標をもって臨んでおり、上司が挑戦を積極的に支援している	従業員エンゲージメントスコア
	多様な知の融合によりシナジーが最大化されている	女性管理職比率
事業上の重点領域の人材の量的・質的充足	重点領域の人材が充足している	重点領域人材充足
	人材の育成に対し積極的な資源を投入している	重点領域人材育成投資額

※1 チャレンジ公募:個のチャレンジ意欲を喚起するとともに、個々の能力・適性と配置のベストマッチを目的とした公募による人事異動の仕組み

※2 IGNITION：従業員が個々のアイデアを活かし、新事業の立ち上げにチャレンジできる社内公募型プログラム。

経営管理指標としてのKGI、KPI設定と目標値設定

ホンダでは、「従業員の内発的動機の喚起と多様な個の融合」「事業上の重点領域の人材の量的・質的充足」の2つを人材マテリアリティと定め、これに係る経営管理指標を「従業員エンゲージメントスコア」「女性管理職比率」「重点領域人材充足」「重点領域人材育成投資額」の4つとし、同時に、2025年、30年の数値目標も設定した。

これら4つは人的資本に係る非財務指標に当たるが、こういった人的資本に係る投資と結果の刈り取りを、全社の経営管理指標としたのである。つまり、数値目標を明確にした上で、全社で達成を目指すと宣言(開示)したことになり、「人的資本経営を全社の経営マターとして取り扱う」という本気を示した格好だ。ホンダがこうした姿勢を明確に見せたのは、35年の完全EV化に伴い事業ポートフォリオ変革に本気で取り組まなければならず、今を第2創業期と定めているからに違いない。

三部敏宏社長が常々話しているように、ホンダの強みは「人」にある。第2創業期を乗り切るためには、「人」に対するホンダらしい考え方は守りつつ、変革を乗り切るための熱量を起こし、新たな価値ある技術やサービス、製品を生み出さなければならない。だからこ

そ今、人に投資をしなければならないとの気運が高まっている。

ここまでの活動で、当初掲げたゴール「経営戦略の実現に必要な人事戦略であることを会社として合意できる仕組みづくり」『ステークホルダーがその取り組みを魅力的に感じる仕組みづくり」は達成した。人的資本経営のストーリーづくりから、経営企画や事業部門を巻き込み人材マテリアリティと経営管理指標を立案し、経営層と数値目標をコミットするまで到達した好事例と言えるだろう。

グローバルガバナンスを視野に入れた人材マネジメントを目指して

一方、ホンダの人的資本経営の実践、開示のロードマップはまだ道半ばである。

ここまでの人的資本経営ストーリーを検討する過程で、結果として現在の人材戦略や人材ポリシーの課題が見えてきた。外部環境の変化を見据え40年の会社の立ち位置を勘案し、これからの自社の人材に求める価値観、会社（人事）が従業員に提供すべきことは何かについて、バックキャスト的に議論を開始している。

今回、人的資本経営の実践の検討、そして開示を進める中で、課題が山積みであることが分かった。35年の完全EV化といった事業ポートフォリオ変更に目線を向けると、より抜本的な改革を求められる。事業が変わることに対して、現在予測できているところではなく予測すべきところの未来を見ていかないと、ホンダの未来は目指すべき到達点には届かないかもしれないと、本活動を通じて多くの人がより危機感を感じた結果である。また、人事施策の推進や経営管理指標の設定、開示においてもまだ国内中心に閉じた状況である。最終到達点として、グローバルでのガバナンス構築を目指し、必要となる経営指標としての人的資本に係る指標に対するモニタリング体制や基盤の構築といった計画を立て、現在、具体的な取り組みを推進している。

全社を巻き込んだ人的資本経営の取り組み元年とも言える年に、当初目標としたゴールの3つ目、「現在の到達点を明らかにした上で、最終到達点までのロードマップづくり」まで完了した。今後もホンダの人的資本経営の醸成に向けた取り組みは、より〝進化〟するだろう。

第6章

本質的人的資本経営の推進のために乗り越えるべき壁

HUMAN
CAPITAL IMPACT

右へ倣えの投資ではもう越えられない壁

アビームコンサルティングには、ＩＣ（Individual Contributor／個人貢献者）職制度という珍しい仕組みが存在する。それは、競合に該当する企業に所属していても自社の戦略的投資領域に寄与する人材である場合、兼業として雇用することができるといった仕掛けである。おそらく、今までのコンサルティング業界の慣例では考えられなかったことだと思われる。

このＩＣ職制度を活用し、我々のチームも競合と思われる人材との共創を実現し、戦略遂行において成果を上げてきている。

一見すると、非常識な制度だ。しかし、顧客のために最大限貢献することを軸に考えると、競合へのノウハウ流出といった「敵に塩を送る」リスクよりも、この答えにたどり着く。自社の利益を徹底して追及した結果、専門性や知見が社内に足りなくなり顧客への還元ができなくなれば、その方がよほど顧客のためにならないからだ。

IC職制度

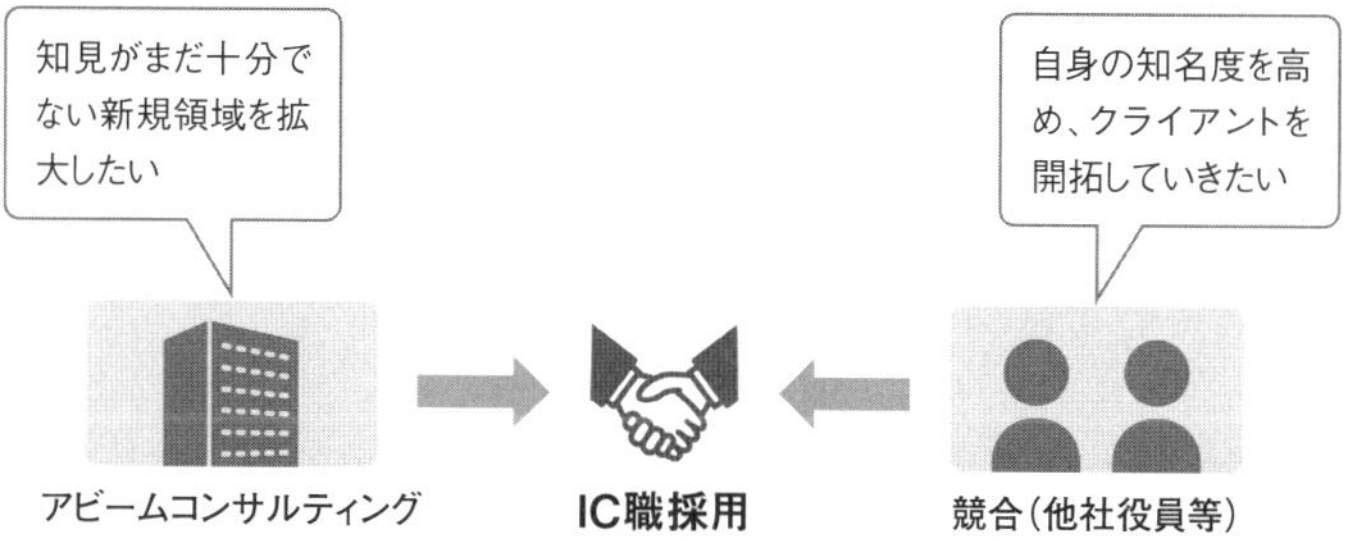

IC（Individual Contributor／個人貢献者）職
一般的には、管理職と異なり、部下の管理責任を負わない専門職の職員のこと。通常の管理職コースとは別のキャリアパスとして用意されることが増えてきている。アビームコンサルティングでは、兼業可能な職種とすることで、柔軟性の高い職種になっている。

このようにＩＣ職制度の根底にあるのは、ほかの企業がやっているからではなく、自社の顧客や従業員にとって一番いいことを考えて、そこで出てくる課題をどうやったら解決するかという発想だ。これからの時代は、こうした考え方を完遂することが一番重要である。

これまで、人的資本経営におけるフレームワークや、人材マテリアリティの設定方法、ＫＧＩ、ＫＰＩといった目標値の数値化、達成のための施策設計について説明してきたが、今後はより選択と集中を行った事業範囲に対し、より確実に効果を出していく施策も考えていかなければならない。そのためには、他社がやっているからやろうではなく、自社が目指すべき方向性は何か、自社が解決したい人的課題は何か、自社の従業員はどのような価値観、スキルを持っているか、どのようなカルチャーなのかなどを多面的に考え最適な施策設計を行う必要がある。

また、視点を広げ、自社のリソースでできることばかり考えるのではなく、ＩＣ職制度のような他社や他機関との共創なども含めた抜本的な施策を次々に検討していくことも大切だ。

例えば人材充足のための採用も、今までは新卒一括採用や職種別キャリア採用といった形であったが、これからは他社社員との共創や兼業に加え、日本にとどまらず国の垣根を越えたグローバルでの職種別採用といった抜本的施策実行なども検討すべき施策となる。そうした施策を実施するには処遇や働き方、雇用契約、拠点の場所といったところを総合的に見直し、職種別に再整備することが欠かせない。

再びＩＣ職制度を例に出そう。人材の流動性が大きくなってきたとはいえ、まだまだ戦略の実現のためにキーとなる人材は、多くの企業で不足している。それらの人材は業界内にいないのではなく、既に他の業務や企業に従事している。しかしながら、そういった優秀人材を他社から奪い取り抱え込むだけでなく、少しのリスクを負ったとしてもそれを上回る成果が上げられるのであれば、既成概念を打ち破ってみよう。これが同制度の本質的な考え方だ。

このように今後企業が実施すべき抜本的施策の多くは、今までの慣例、慣習を打ち破り、そこで発生するリスクをマネージする方法を検討し、効果的な共創を生み出すことがベースとなる。

効果的な共創には、投資額（主にキャッシュ）とリソース不足のバランスを取るというメリットもある。投資額については第1章で述べたように欧米諸国に追いつこうと上がっていく傾向にあるだろう。ただ、その投資する施策に対し自社のリソースをあまり多く使ってしまうと急に実現のスピードが遅くなってしまう。とはいえ、逆にそうならないように外部に過剰な依存をしてしまうと、それはそれで効果が半減してしまうというリスクがある。共創はこうした悩ましい状況を打開する上でも重要となる。

例えば、既存人材の底上げを目的とした階層別研修や共通研修を実施している企業が、より抜本的に教育投資をしようと、企業大学の設立を考えたとしよう。当然のことながら、自社だけでそれを実現しようとすればあまりに社内のリソースを使い過ぎてしまう。そこで、そもそも専門的な教育機関である大学や研究所、あるいは彼らと提携してビジネスを行っているようなスタートアップ企業と共創し、越境教育プログラムを作ることで、自社のリソースをそこまで使うことなく自社の従業員に対する教育をより専門化することが可能になる。

このように、単に他社に右へ倣えとして従来型の施策を打つのではなく、自社の課題や状況を考慮し、リソース不足が課題にならないような共創をベースとした大胆な施策設計が、今後の日本企業において成長のキーとなるアプローチであると考える。

人的資本経営におけるROIとは

さて、ここまで日本企業の持続的成長のために、人的資本経営が重要であることを語ってきたが、こうした新たな取り組みは一過性ではなく、継続的かつ当たり前に取り組まれなければならない。

そのためにはこういった取り組みがＲＯＩ、つまりその投資に対するリターンを十分に生み、財務面にもプラスのインパクトを与えていることを証明していくことも重要だ。

本来はＲＯＩＣツリーのような形で、財務指標、例として売上高、営業利益、原価など財務指標を分解し、人的資本投資の指標がどのような形でそこに影響を与えているかを明らかにし、その人的資本投資は確かに正の影響を与えていると定数的に分かることが望ましい。

しかしながら、そこには課題がある。なぜなら財務指標への人的資本投資の効果は1年や2年で出るわけではなく、かなり先になってしまうからである。

そうなると、ある施策が現在の財務指標にいかなるインパクトを与えているかは、過去の人的資本投資から分析する必要がある。そういった分析は既に行われており、当社が行っている価値創造分析は財務指標と人的指標について複数年のデータを利用し、過去行った人的資本投資が現在、財務的にどのような結果をもたらしているかを明らかにする。

もっともこの分析では、過去の投資の振り返りを行うことはできるが、人的資本経営に対する投資効果を早期に評価することができない。

そのため我々は、以下2つの方法を推奨する。

1つ目は財務的な指標ではないものの、限りなく論理的に考え人的資本経営の影響が早期に現れると思われるものを、経営管理人的指標として定義することである。

例えば、ある特定領域に対する人材充足率やエンゲージメントといった指標がこれに該当する。

特定領域に対する人材充足率は、そもそも事業戦略を遂行する上で必要不可欠なものとして定義されている。それが充足しなければ、成長に対する機会ロスが発生するなど、明らかに企業業績に負のインパクトをいずれもたらす。このため、財務指標とはいえないまでも、それに近い形でＲＯＩのリターンとして定義してよいのではないだろうか。

またエンゲージメントについては生産性や顧客満足といった、財務指標への直接的インパクトがある指標に対して影響があることが、数々の研究論文で証明されている。そのため、エンゲージメントの向上に寄与する指標の上昇は、その投資は財務的にインパクトがあった結果だと仮定できるのではないだろうか。

このように、財務に対するインパクトが明確な指標であると理論的に証明できるものは、人的資本経営のリターンを推測するものとして利用できると考える。

むしろ、現在ＰＢＲで企業価値を測ろうとする潮流がある中で、こういった事業成長への期待（3〜5年後の事業戦略実現性の期待）と将来の企業成長への期待（10年以上その企業が維持・成長することの期待）をきちんと経営指標として各上げし、管理、開示することが求められることであると考える。人的資本経営はそういった将来期待に対してきちんと応えられる経営を行うために、このような人的指標を経営指標として何を設定するか、また、それを実現するためにどこにリソースを選択と集中させるかなのではないかと考える。

人的資本経営の効果をなるべく早く見るための2つ目の方法は、直ちに財務指標と人的資本投資に関する指標管理や、データ蓄積を開始することである。

人的資本経営の効果を正確に測定するには、データが少なくとも3〜5年分は必要である。そのため、必要な数字がそろわないと測定を実施しないという姿勢では手遅れになりかねない。現在、人的資本の必要性がこれほど問われている以上、すぐにでもデータの蓄積に着手することを推奨する。そうすることで、各施策評価やその結果を受けてのPDCAを1日でも早く実行できるようになる。

また、ただデータを集めるのみならず同時にそれらを分析できるケイパビリティを持つ、例を挙げれば統計解析やデータ蓄積のためのインフラ基盤の運用（戦略の変更に伴い、データ項目の定義やシステムに対する動的な変更など）、データの結果から戦略に対するFB

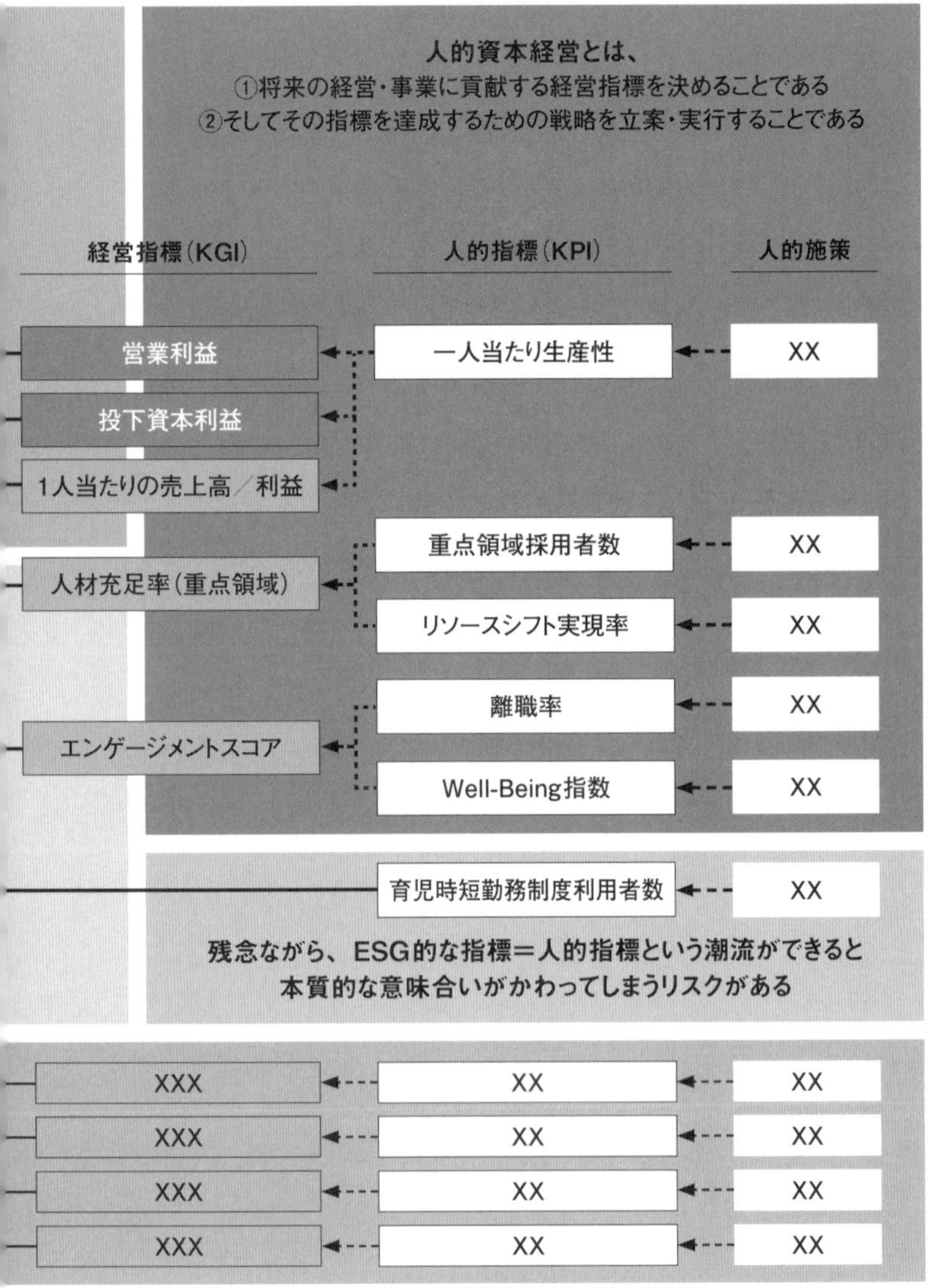
人的資本経営とは、
①将来の経営・事業に貢献する経営指標を決めることである
②そしてその指標を達成するための戦略を立案・実行することである
経営指標（KGI）
人的指標（KPI）
人的施策
営業利益
投下資本利益
1人当たりの売上高／利益
一人当たり生産性
XX
人材充足率（重点領域）
重点領域採用者数
XX
リソースシフト実現率
XX
エンゲージメントスコア
離職率
XX
Well-Being指数
XX
育児時短勤務制度利用者数
XX
残念ながら、ESG的な指標＝人的指標という潮流ができると
本質的な意味合いがかわってしまうリスクがある
XXX
XX
XX
XXX
XX
XX
XXX
XX
XX
XXX
XX
XX

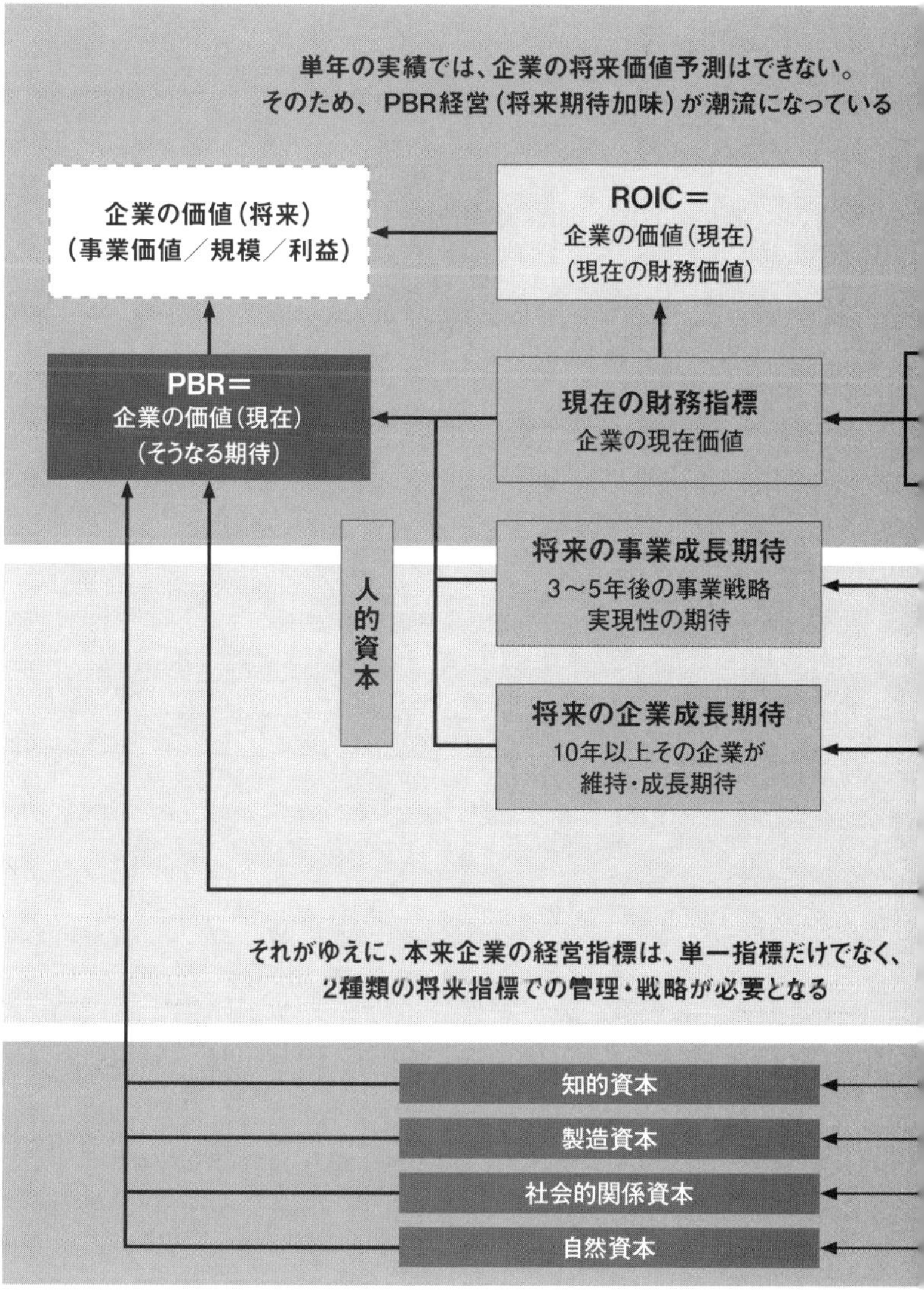
単年の実績では、企業の将来価値予測はできない。
そのため、PBR経営（将来期待加味）が潮流になっている
企業の価値（将来）
（事業価値／規模／利益）
ROIC＝
企業の価値（現在）
（現在の財務価値）
PBR＝
企業の価値（現在）
（そうなる期待）
現在の財務指標
企業の現在価値
人的資本
将来の事業成長期待
3〜5年後の事業戦略
実現性の期待
将来の企業成長期待
10年以上その企業が
維持・成長期待
それがゆえに、本来企業の経営指標は、単一指標だけでなく、
2種類の将来指標での管理・戦略が必要となる
知的資本
製造資本
社会的関係資本
自然資本

継続的な取り組みに向けての課題

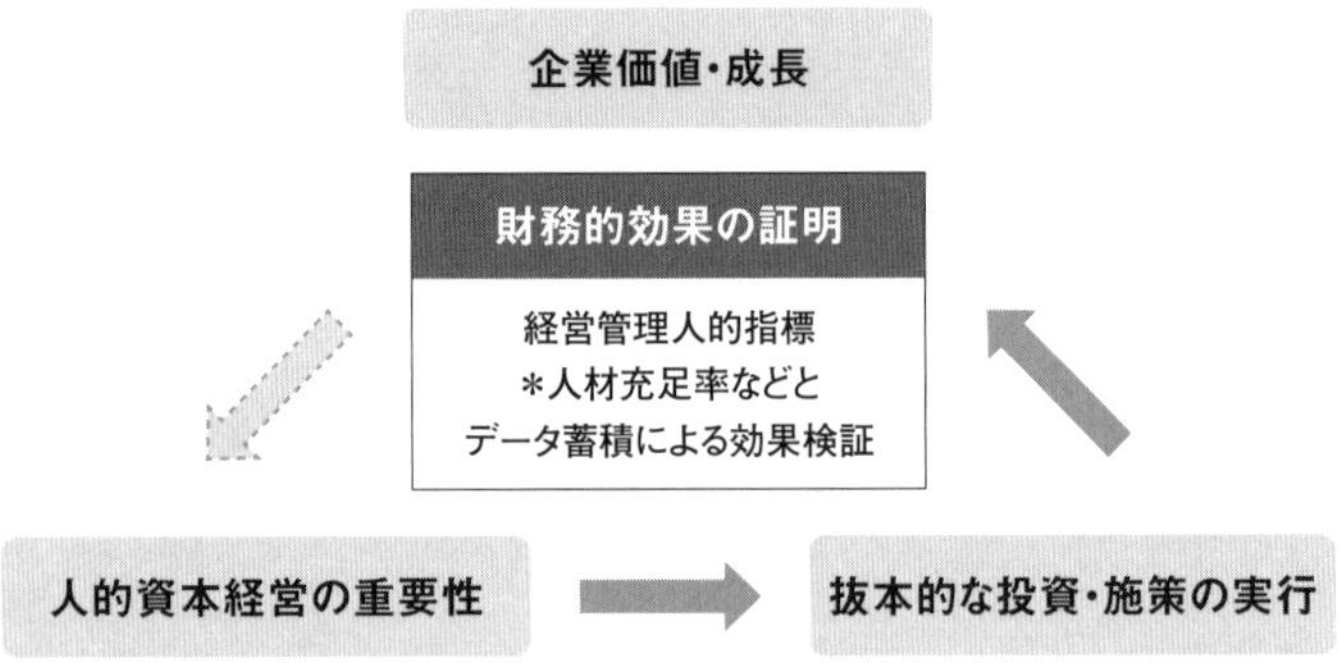

を与える役割などを担う組織をつくっていく必要がある。

人的資本経営元年といわれる年に、やらされ感をもって開示をすればよいという企業と、「成長に必要不可欠である事業ポートフォリオ変革の実現のため」と位置付け、本気で着手する企業とでは、5年後、10年後に大きな差が出ることは想像にたやすい。

日本企業が本気で人的資本経営に取り組むために、そして日本経済が失われた30年を取り戻すために本書を読んで、「やるぞ！」と思っていただけたら幸いだ。

あとがき

失われた30年を取り戻し、幸せになるために今をつくる

久保田勇輝

先日クライアントと、その企業の事業や人材の状況が２０４０年にどうなっているかを話し合っている時、ふと「その頃には70歳まで働く世の中になっているかもしれないけど、自分たちは定年退職している可能性もあるね」という話になった。確かに私ももう働いていないかもしれない。

人的資本経営で考える人的投資はどうしても１～２年先の話ではなく、それより長期の

ことに対して仮説を設定し、そこからバックキャストで考える方法をとることになる。

そうなると、今やっていることの成果がすぐに見えないということの繰り返しになってしまうことがあるかもしれない。そのため、毎年PDCAを回して成果を上げるべきでもあるが、本質的にはそこに携わる人々が次の世代へ残すために、今の日本が次の世代には失われた30年を取り戻し、幸せになるために、今をつくれるかにかかっていると思う。

23年3月、国連諮問機関SDSN（持続可能な開発ソリューション・ネットワーク）により「世界幸福度報告書」が発表された。日本は137カ国中47位と、8年ぶりの40位台となった。この報告書によれば、1人当たりのGDP、社会的支援、健康寿命、人生の選択の自由度、寛容さ、腐敗の少なさなどで幸福度の違いを説明できるとされている。

この結果にもあるように、次の世代の幸福度を上げるのに、1人当たりのGDPや人生の選択の自由度、健康寿命といった我々が人的資本経営で語るべき内容が多く含まれている。我々がやることが次世代の幸福に貢献できるのではないかという信念の下、やっていきたい。

コンサルティング会社に勤務する従業員の多くは、キャリアアップを見据えて就職し、クライアントの課題に合わせて提案やコンサルティングをするため、社会的意義や貢献をやや感じにくい。そして流動性も高く、そういった貢献を長期間実行することができる人材を育てにくい状況にある。

しかしながら、会社の戦略の核として取り扱い、その思いの実現に共感し投資、支援をしてくれている元社長で現副会長の鴨居達哉氏、現社長である山田貴博氏に感謝を申し上げたい。彼らがいなかったら、私は挑戦することもできなかったかもしれない。

そして、我々の思いに共感いただき、本執筆にご協力いただいたレゾナック・ホールディングスCHROの今井のり氏、組織・人材開発部長の萩森耕平氏、愛三工業取締役の加藤茂和氏、オリンパス日本地域人事総務　バイスプレジデントの山崎徹氏、人事 組織人事開発 ディレクターの玉澤康至氏、R&D組織健康統括　ディレクターの田島信芳氏、本田技研工業 コーポレート管理本部 人事統括部　組織開発人事部の皆様にも感謝を申し上げたい。彼らのような魅力的なクライアントの存在が、我々のモチベーションにつながっていることは言うまでもない。

そして、こういった成功事例をつくり上げることができたのも、私と思いを同じにして、ともに日々努力をしている人的資本経営コンサルティングチームのメンバーのおかげだ。心から感謝したい。私が知る限り最強のチームである。

そして、本執筆を日々の激務の中、一緒にやってくれた淺見伸之氏、佐藤一樹氏、細田俊之氏、そして、もはや人的資本経営コンサルティングチームの一員といっても過言ではないコーポレート・コミュニケーションユニット長の樺澤わかな氏、より伝わる形へと助言、支援していただいた日経ＢＰの平山舞氏、渡貫幹彦氏、和田一成氏、荻島央江氏にはこの場をお借りして深く感謝いたします。

執筆者
（アビームコンサルティング 戦略ビジネスユニット人的資本経営コンサルティングチーム）

久保田 勇輝 くぼたゆうき　執行役員、プリンシパル

1章と6章を担当。パッケージ会社／コンサルティングファームで人事コンサルティングに従事。人事の戦略、プロセス、テクノロジーの事業責任者として、多くの企業の人事戦略策定、タレントマネジメント、DX構想から業務設計、システム構築まで一貫したコンサルティング実績を有する。人的資本経営コンサルティングチーム責任者。

淺見 伸之 あさみのぶゆき　ダイレクター

2章と5章を担当。コンサルティングファームで人事コンサルティングに従事。多くの企業の人事戦略策定、タレントマネジメント、DX構想から業務設計、システム構築まで一貫したコンサルティング実績を有する。直近は、人材マテリアリティ/戦略策定・人的資本開示支援、人材ポートフォリオ構築支援を中心に関与する。

佐藤 一樹 さとうかずき　ダイレクター

4章を担当。外資系コンサルティング企業にて、タレントマネジメント、AIを活用したHRテクノロジー、従業員エンゲージメントマネジメントに関わる新事業の立ち上げをリード。現在は企業のエンプロイヤーブランディング、すなわち「働く場」としてのブランディング戦略策定・実行を支援する事業をリードしている。キャリア論修士。

細田 俊之 ほそだとしゆき　シニアマネージャー

3章を担当。コンサルティングファームで人事コンサルティングに従事。プロジェクトマネージャーとして主に人事領域の業務設計、システム構築に携わってきた。近年はハイブリッドワーク環境下で従業員の働き方が見えない状況に対して、データを活用することで従業員の働き方を可視化し、脱サイロ、コラボレーションの促進を支援。

人材マテリアリティ

選択と集中による人的資本経営

2024年2月26日　第1版第1刷発行

著　者	久保田 勇輝
発行者	北方 雅人
発　行	株式会社日経BP
発　売	株式会社日経BPマーケティング 〒105-8308　東京都港区虎ノ門4-3-12
装丁・制作	川瀬 達郎（株式会社エステム）
校　閲	株式会社聚珍社
印刷・製本	図書印刷株式会社

本書籍に関するお問い合わせ、ご連絡は下記にて承ります。
https://nkbp.jp/booksQA

Printed in Japan
ISBN978-4-296-20435-9